集刊
集人文社科之思 刊专业学术之声

集 刊 名：中国教育发展与减贫研究
主　　编：李兴洲　白　晓　张　琦
副 主 编：姜明妏
主办单位：北京师范大学中国教育扶贫研究中心
信阳航空职业学院

(Vol.1) China Education Development and Poverty Reduction Research

联系电话：58803971
电子邮箱：786599414@qq.com
通信地址：北京市新街口外大街 19 号京师大厦 1109 房间

总第5辑

集刊序列号：PIJ-2018-236
中国集刊网：www.jikan.com.cn
集刊投约稿平台：www.iedol.cn

中国教育发展与减贫研究

李兴洲　白　晓　张　琦　主　编

CHINA EDUCATION DEVELOPMENT AND POVERTY REDUCTION RESEARCH

2020 Vol.1 (Issue 5)

目　录

• 特稿 •

• 特别策划 •

• 政策研究 •

• 热点关注 •

• 理论探索 •

• 调查研究 •

• 典型案例 •

•信息动态•

• 特稿 •

学习贯彻中共十九届四中全会精神 坚决打赢脱贫攻坚战

刘晓山*

【摘　　要】十九届四中全会对我国打赢脱贫攻坚战具有重要的指导意义。需坚定不移地贯彻十九届四中全会精神，把打赢脱贫攻坚战作为首要目标，将巩固脱贫攻坚成果作为必须要完成好的任务，将建立解决相对贫困的长效机制作为国家和社会治理体系的一项长效举措。当前，我国的教育扶贫工作除关注义务教育和“两后生”教育外，应重点考虑农民教育培育、基层干部专业培训、新形势下农村的社会治理等方面的问题。

【关 键 词】脱贫攻坚　相对贫困　十九届四中全会

一　十九届四中全会对脱贫攻坚的指导意义

中共十九届四中全会的主题是坚持完善中国特色社会主义制度，推进国家治理体系和治理能力的现代化。全会通过了《中共中央关于坚持和完善中国特色社会主义制度　推进国家治理体系和治理能力现代化若干问题的决定》

* 刘晓山，国务院扶贫办开发指导司副司长，国务院扶贫办贫困村创业致富带头人培育工程工作组组长，民进中央参政议政特邀研究员，主要研究方向为农村发展与扶贫宣传。

（以下简称《决定》），《决定》全文始终贯穿着坚持党的领导、人民当家做主、依法治国三个主线，旗帜鲜明地提出我们党在坚持中国特色社会主义道路的方向，我国国家治理工作在中国特色社会主义制度下展开，我国国家治理体系和治理能力是中国特色社会主义制度及其执行能力的集中体现。

《决定》强调，必须坚持以马克思列宁主义、毛泽东思想、邓小平理论、“三个代表”重要思想、科学发展观、习近平新时代中国特色社会主义思想为指导，增强“四个意识”，坚定“四个自信”，做到“两个维护”，坚持党的领导、人民当家做主、依法治国有机统一，坚持解放思想、实事求是，坚持改革创新，突出坚持和完善支撑中国特色社会主义制度的根本制度、基本制度、重要制度，着力固根基、扬优势、补短板、强弱项，构建系统完备、科学规范、运行有效的制度体系，加强系统治理、依法治理、综合治理、源头治理，把我国制度优势更好地转化为国家治理效能，为实现“两个一百年”奋斗目标、实现中华民族伟大复兴的中国梦提供有力保障。

当今世界正经历百年未有之大变局（制度、科技、发展和安全），我国正处于实现中华民族伟大复兴关键时期。十九届四中全会有开创性、历史性、里程碑意义。

《决定》中与扶贫相关的主要有三句话：“坚决打赢脱贫攻坚战”“巩固脱贫攻坚成果”“建立解决相对贫困的长效机制”。笔者认为，领会十九届四中全会对脱贫攻坚的指导意义，主要有五个方面。

第一，十九届四中全会进一步强化了扶贫工作的战略地位。十八大以来，我们党把脱贫攻坚摆在治国理政的重要位置，把现行标准下农村贫困人口的全部脱贫作为全面建成小康社会的底线任务和标志性指标。十九届四中全会中有关扶贫的论述，是新中国成立以来第一次将扶贫工作提到一个前所未有的战略高度给予重视。十九大把精准脱贫攻坚战作为决胜全面建成小康社会的三大攻坚战之一，进一步确定了扶贫工作在我国治国理政当中的战略定位，十九届四中全会指出建立解决相对贫困的长效机制，明确了扶贫工作的目标任务及其战略意义。对于2020年以后如何定位贫困，中央层面此前没有相关文件明确要求，意味着从中央高层来讲，在新的历史征程、整个现代化的进程和中华民族复兴的进程中，对扶贫工作的定位是不明确的。十九届四中全会明确了解决相对贫困的长效机制，也将其定位为我们整个国家治理体系和治理能力现代化的一个部分，这说明在发展过程中，相对贫困问题是必须解决的历史性问题。相对贫困不解决，共同富裕就无从谈起，从这个意义上来讲，解决相对贫困问题，是中国特色社会主义制度完善的重要标志之一。十九届四中全会精神在更广的领域、更长的历史时段，给予扶贫工作更明确、更重要的战略定位，为做好扶贫工作，继续推进扶贫领域的理论实践研究坚定了信心，提供了指引，开拓了广阔的空间。

第二，十九届四中全会为扶贫工作以及扶贫领域的理论实践研究指明了方向。《决定》有关扶贫的三句论述有内在的逻辑关系，三句话分别对应着目前、近期、长远三个不同的历史进程和历史阶段。“坚决打赢脱贫攻坚战”意味着从党的十八大以来到2020年高质量地打赢脱贫攻坚战，要完成十八届五中全会给脱贫攻坚战赋予的三大历史性任务：现行标准下的贫困人口全部脱贫，贫困县全部摘帽，解决区域性贫困。那么2020年以后怎么办？2020年打赢了脱贫攻坚战后，脱贫摘帽的县域都有一个巩固脱贫成果的问题。巩固脱贫成果之后，需要做的便是建立解决相对贫困的长效机制，涉及相对贫困概念的理解、定位。如果说20世纪八九十年代的扶贫工作主要借鉴国际经验，当前的六大扶贫体系更多是原创性的、延伸性的。巩固脱贫攻坚成果，建立解决相对贫困的长效机制，与十九届四中全会所确定的整个国家治理体系的完成进程相一致，即中华民族复兴、现代化完成之时，将相对贫困缓解到一定程度，这为推动扶贫研究或者下一阶段制定的扶贫战略指明了方向。

第三，十九届四中全会明确了脱贫攻坚战后中国扶贫战略转型的重点，即解决相对贫困问题。解决相对贫困的着力点是建立长效机制，理解长效机制，需要结合中国特色社会主义制度和历史上扶贫工作的机制体制安排。在新的历史发展阶段和中国特色社会主义制度体系中，如何寻求解决相对贫困问题的机制。对于相对贫困问题的解决，与改革开放以来的有计划、有组织、大规模的开发式为主的扶贫开发阶段不同，如今更多纳入了整个国家的治理体系。在整个治理体系当中，十九届四中全会提出的十三个方面的制度优势，是对于研究和推动相关工作提供的一个战略性指引。十九届四中全会将今后研究、工作和战略的重点放在解决相对贫困的长效机制上，明确了前进的方向。

第四，十九届四中全会所明确的要建立中国特色社会主义的制度体系，为建立解决相对贫困的长效机制提供了基本的框架支撑。贫困是一个综合性的问题，涉及方方面面。十九届四中全会提出的十三个方面的制度优势都与解决相对贫困的长效机制相关，将这套机制嵌入整个国家的治理体系当中，为研究贫困问题提供了一个框架。在此之前，相关研究多侧重于学术性和学理性的探讨，而现在按照十九届四中全会精神构建解决相对贫困的长效机制，为扶贫减贫研究提供了制度性与政策性的保障。

第五，十九届四中全会对中国贫困治理能力现代化提出了明确要求。贫困治理是国家治理的一个重要组成部分，贫困治理能力也是国家治理能力现代化的一个基本部分。在脱贫攻坚期间，精准扶贫、脱贫攻坚战、最严格的考核评估制度、五级书记一起抓、考核问责、第三评估、专项巡视等，都是在脱贫攻坚领域探索如何提高国家治理能力的重要方式。基于这样的基础和背景，贫困治理能力的提高必然会成为国家治理能力现代化的一个重要领域。

二　学习贯彻中共十九届四中全会关于脱贫攻坚主要论述的体会

笔者学习十九届四中全会精神，结合在脱贫攻坚中的本职工作，主要有以下几点体会。

一是坚定不移地贯彻十九届四中全会精神，把打赢脱贫攻坚战作为首要目标。脱贫攻坚“最吃劲”时，要“靶心不散”“响鼓重锤”，聚焦、瞄准、精锐、挂牌督战，坚决打赢脱贫攻坚战的决心和信心不能变，而且要增强。坚决贯彻习近平总书记和中央的指示精神，坚持目标导向和问题导向。

二是坚定不移地贯彻十九届四中全会精神，将巩固脱贫攻坚成果作为必须要完成好的任务。要继续推进习近平总书记关于扶贫的重要论述的学习、研究、宣传工作，坚定为人民服务的方向。推进脱贫攻坚经验总结工作，提炼脱贫治理经验，将其上升到国家治理和世界减贫治理层面，为构建解决相对贫困的长效机制奠定基础。在贫困地区和中西部地区，在贫困群众和边缘收入群众集中的贫困村营造一种氛围，保持一系列举措，建立一个监测机制，培育好“三类人”，即继续营造一个自强不息、扶贫济困的氛围，保持一系列长期坚持的减贫制度或举措，建立返贫监测评估保障机制，培育好传承精神脱贫致富的带头人、教书育人和科技文化发展提升素质的铺路人、乡亲们身心健康的守护人。

三是坚定不移地贯彻十九届四中全会精神，将建立解决相对贫困的长效机制作为国家和社会治理体系的一项长效举措。在总结脱贫攻坚经验、提炼脱贫攻坚精神的基础上，以习近平扶贫理论为指导，我们联合大专院校、相关研究机构和扶贫部门等的相关同志，加强对当前扶贫政策的梳理、总结，分轻重缓急、短中长期，提出建立解决相对贫困的长效机制，作为国家和社会治理体系的一项长效举措，研究制定“十四五”巩固脱贫成果规划，研究提出2020年后解决相对贫困的目标、工作对象、政策措施、组织保障意见，推动国家贫困治理体系和治理能力现代化。

三　当前脱贫攻坚须解决的问题

目前，农村存在几个潜在的问题。一是乡村干部问题。驻村工作队、第一书记工作结束之后，贫困地区的干部，尤其是村干部能力素质，能否适应巩固成果的要求，还存在不确定性。二是农村的产业、农民的就业问题。部分地区和少数干部对脱贫攻坚工作没有科学规划、没有科学头脑、不遵守市场规律发展产业的问题依旧存在。贫困地区的贫困人群依然有45%的收入来自务工。三是农民的教育问题。一方面是主人翁意识教育问题，另一方面是科学文化技能素质培训培育问题。四是农村、农民、农业的规划问题。农村空心化、农民城镇化、农业规模化等新变化给我们带来新的治理挑战。贯彻十九届四中全会精神，在脱贫攻坚方面，建议大家在义务教育和“两后生”的教育上下功夫外，还可以考虑在以下几个方面做些探索和工作。

一是对农民的教育培育，培育教书育人和科技文化发展的铺路人。

二是对基层干部的专业培训，包括产业、就业、治理、新的科技运用等方面。

三是新形势下农村的社会治理研究，包括东西协作、行业倾斜、乡村规划、产业布局、文化建设等方面。

（在2020年1月12日北京师范大学中国教育扶贫研究中心专家委员会会议上的讲话）

充分发挥教育在巩固脱贫攻坚成果中的重要作用

张志勇*

【摘　　要】 2020年是我国脱贫攻坚的决战之年、收官之年。在后脱贫攻坚阶段，教育对扶贫的作用越来越强，具体体现在三个方面：一是基础性支撑作用；二是精准化扶智作用；三是战略性支持作用。

【关 键 词】 后脱贫攻坚阶段　教育扶贫　教育扶智

2020年是我国脱贫攻坚的决战之年、收官之年。作为一个拥有14亿人口的大国，实现整体脱贫不仅是中华民族实现伟大复兴的一个重大标志性成果，更是对人类社会消除贫困事业做出的伟大贡献。实现整体脱贫之后，一方面，我国仍将长期面临巩固脱贫成效的艰巨任务；另一方面，我国扶贫事业将进入解决相对贫困、防止新的贫困发生的扶贫事业新阶段。

在后脱贫攻坚阶段，教育对扶贫的作用不仅没有减弱，而且会越来越强。具体而言，体现在三个方面。一是基础性支撑作用。教育是社会公平的基石，必须为每个孩子接受更好的教育打下坚实的基础。二是精准化扶智作用。治贫先治愚，治愚必培智。教育必须通过更加有力的教育公共服务，帮助特殊群体儿童获得进入社会的能力。三是战略性支持作用。就业是民生之

* 张志勇，研究员，北京师范大学中国教育政策研究院教授，主要研究领域为基础教育、教育政策与管理。

本，更是解决贫困的根本举措，教育在促进贫困群体就业方面发挥着特殊的、不可替代的重要作用。

一是夯实基础，填平教育财政鸿沟。由于经济社会发展的不平衡，我国省域之间的教育投入差距越来越大。以生均预算内教育经费最高的北京市和最低的河南省为例，2018年，北京市小学、初中生均预算内拨款分别为34056.72元、64382.26元，河南省则分别为6801.84元和10674.31元，北京市分别是河南省的5倍和6倍。我国省际教育财政投入上如此大的差距，严重限制了财政薄弱省份保障乡村教育、贫困地区教育的基本能力。教育财政保障薄弱的省份，没有能力把更多的资金投向贫困地区、投向广大农村、投向家庭贫困儿童。国家从发挥教育巩固脱贫攻坚成果的战略高度，要进一步通过加大教育财政投入力度，利用教育财政增量努力缩小省际、区域之间生均教育投入的差距，大力提高经济欠发达地区的教育保障能力，夯实教育公平的基础，减少因教育贫困产生经济贫困的土壤。同时，对巩固脱贫攻坚成果面临困难的县，中央财政要给予其巩固脱贫攻坚成果的专项支持。

二是共享资源，填平教育数字鸿沟。让经济欠发达地区、乡村地区的孩子利用“互联网+教育”，享受到更好的优质教育资源，这是当前促进教育公平的重要公共政策选择。但是，因经济发展缓慢，教育投入欠账多，越是广大乡村、边远地区以及需要利用现代教育技术输送优质教育的地区，越是没有条件共享优质教育资源。北京师范大学中国教育政策研究院的调查表明，在居家学习的学生中，有1/3的学生家中没有可用于网络学习的电脑，10.41%的学生家中没有连接互联网。国家必须大力推进“互联网+教育”公共服务体系建设，尽快填平教育数字鸿沟。首先，要让边远、贫困家庭的孩子具备基本的网络教育终端设备；其次，网络信息资源供给渠道要畅通，具备基本的带宽条件；最后，要提供高质量的免费教育资源。

三是聚焦重点，填平家庭资本鸿沟。在我国进入后脱贫攻坚阶段之后，防止新贫困的发生将成为我国扶贫事业的战略性任务。在这方面，保障好特殊儿童群体的教育权益，已成为教育扶贫的战略任务。在特殊儿童群体的教育权益保障方面，要特别关注孤儿、残疾儿童、因病因故导致的家庭经济困难儿童、丧失家庭教育监管能力的儿童。特别是智障儿童、自闭症儿童，康复、教育成本特别高，同时康复机构、教育机构严重不足，许多地方远远不能满足这些儿童康复和受教育的需要。国家应进一步健全特殊儿童群体教育权利保障机制，这是通过教育扶智、遏制后备贫困人口大军增长的最根本举措。

四是强化支撑，填平教师资源鸿沟。教师是教育的第一资源。办好欠发达地区、贫困地区的教育，防止因教育贫困带来的经济贫困，必须从战略上为贫困地区、广大农村地区培养一支高素质的教师队伍。北京师范大学作为国家师范教育的龙头，将积极创新公费师范生培养体制，为经济欠发达地区、贫困地区定向培养公费师范生。同时，也将会同地方师范院校建立教师教育共同体，积极支持地方师范院校为乡村教育提供优秀师资。同时，建议国家继续完善贫困地区、乡村教师待遇和生活保障体系，通过提高工资待遇、提供周转住房和购房优惠、提高生活和交通补助、职称职务晋升实施优惠条件等政策组合拳，真正让乡村教师“进得去、留得住、教得好”。

五是保障就业，填平社会资本鸿沟。高质量的就业是解决贫困、防止贫困的重要举措。但是，越是贫困家庭、越是特殊儿童群体，越是缺乏谋生就业的社会资本。教育具有通过提高就业技能防止贫困的“临门一脚”的独特优势。应充分发挥国有骨干企业和国家示范性高等职业院校在扶贫方面的重要作用，建议采取企业招工与高等学校招生相统一的新机制，以充分调动企业、高等学校和受教育者的积极性。在这里，国家要舍得拿出优质高等职业教育资源，国有骨干企业要舍得拿出优质就业岗位，招收各类家庭经济困难子女进入高校接受教育、保障就业。国家要通过各种财政税收优惠政策，鼓励、支持国有大中型企业实施校企合作。

新冠肺炎疫情防控对教育改革和发展的启示

本刊编辑部

【摘　　要】本文运用全国教育系统新冠肺炎疫情防控工作的大量资料，着重阐述四个观点：没有硝烟的战役足以见证大学之用，应当积极推进新时代高等医学教育改革和发展；认真总结教育系统全面落实防控措施、确保师生生命安全和身体健康的经验，不断提高教育部门应对公共危机能力；大力宣扬高校医务人员在抗疫斗争中表现出来的伟大牺牲奉献精神，进一步增强广大师生的家国情怀与责任担当；总结“停课不停学”的经验做法，进一步发挥互联网作用，推进教学模式改革。

【关 键 词】疫情防控　教育改革　教育发展

从 2020 年 4 月 8 日零时起，武汉解除离汉通道管控。这标志着中国防控战役取得十分重要的阶段性成果。这次抗击新冠肺炎疫情，是对国家治理体系和治理能力的一次大考。教育系统在这场人民战争中经受住严峻考验，交出了合格答卷。这场斗争的深刻经验，对今后的教育发展和改革有许多重要启示。

一　没有硝烟的战役足以见证大学之用，应当积极推进新时代高等医学教育改革和发展

新冠肺炎疫情发生以来，全国有4万多名医务人员支援武汉市和湖北其他市州的抗疫斗争，成为“最美逆行者”。这些支援队伍很大一部分来自医学类院校和高校附属医院。初步统计，共涉及全国120多所高校近300家附属医院。仅北京大学，就从3家附属医院抽组4支援鄂医疗队，共426名医务人员参加。[①]在湖北的部属及地方医学类院校和高校附属医院，全体动员，投入疫情防控和病患救治工作。武汉大学投入附属人民医院、中南医院等8家医院共10300张床位（占武汉市开放床位总数的46%），全面接管雷神山医院，管理4家方舱医院。[②] 中南科技大学投入附属协和医院、同济医院等10家医院共8900张床位（占武汉市开放床位总数的近40%），还负责管理方舱医院的6000张床位，共投入3.3万名医务人员。[③] 湖北以外医学类院校和高校附属医院没有机会支援湖北的医务人员，则全力投入本地的防控战役。医学类院校和高校附属医院是打赢这场战役当之无愧的主力军。他们按照习近平总书记提出的“坚定信心、同舟共济、科学防治、精准施策”的要求，凭借过硬的专业知识、丰富的临床经验和强烈的使命担当，同时间赛跑，与病魔较量，千方百计提高收治率和治愈率，降低感染率和病亡率，谱写了一曲曲感天动地的人道主义救援之歌，为战胜这场突如其来的重大疫情、保卫人民群众生命安全和身体健康，做出了突出贡献。

（一）医学类院校和高校附属医院在抢救数万患者生命过程中展示了令人信服的医疗水平

突如其来的新型冠状病毒，是人们从未见过的病毒，目前还没有针对这

① 《用爱，征战生命的疆场》，《中国教育报》2020年3月4日第1版。

② 《火线鏖战 生死竞速——武汉大学附属医院系统战疫纪实》，《中国教育报》2020年3月13日第1版。

③ 《以生命守护生命——华中科技大学附属医院系统战疫纪实》，《中国教育报》2020年3月2日第1版。

类病毒的特效药。如何有效抗击新冠疫情，把数万患者从死亡线上抢救过来，是广大医务人员面临的严峻考验。医学类院校和高校附属医院的医务人员，以他们科学的专业素养、敏锐的临床判断能力、严谨的抢救流程，交出了不同凡响的答卷。据有关媒体报道，2月28日，华中科大附属同济医院光谷院区首例新冠肺炎危重症患者成功脱离呼吸机和体外心肺支持，恢复自主呼吸。这背后，离不开医院9个学科、10名医生、17名护士历时9天、456个小时的艰苦努力，更离不开医院创新开展的“关口前移+多学科合作”的临床救治模式。他们组建了护心队、保肾队、护肝队等多支专科临床支持小分队，呼吸科、重症医学科、心内科、肾内科等多学科专家及时对患者病情发展中出现的各种情况进行预判并提前干预，各小分队相互补位，有效提升了新冠肺炎重症患者综合救治水平。[①] 武汉大学中南医院同样创造了奇迹，他们收治的一位老年感染者先后三次呼吸衰竭、陷入昏迷，医生们大胆使用不同抢救方法，三次把他抢救过来，让一个本已绝望的老人重获希望。浙江大学李兰娟院士团队最早发现阿比朵尔和达芦那韦能显著抑制病毒复制，并率先在浙江临床使用，浙江感染新型冠状病毒患者的病亡率明显低于其他地区。实践证明，医学类院校和高校附属医院有着令人信服的医疗实力。

（二）医学类院校和高校附属医院在开展科研攻关、助力疫情防控上发挥了重要作用

早在2020年2月1日，教育部就发出《关于加强高校新型冠状病毒防治科研攻关的通知》。各高校充分发挥人才科技优势和多学科综合交叉优势，勇于担当，积极作为。一方面瞄准当前新冠肺炎防治急需，围绕快速检测方法，疾病流行趋势，疫苗、抗体和临床药物筛选等，很快投入研究并拿出实际有效的科研成果；另一方面针对冠状病毒致病机理和传播机制等问题开展深入的基础研究，为冠状病毒长期防治提供科技支撑。据《中国教育

① 《一切服从前线和国家需求——华中科技大学加强科研攻关推动疫情防控救治》，《中国教育报》2020年3月11日第3版。

报》报道，华中科技大学附属协和医院在湖北省内率先成立了新型冠状病毒核酸检测实验室，由消化内科教授侯晓华、蔺蓉与相关科研单位和企业联合研发的一款抗体检测试剂盒，以一滴手指血为标本，15 分钟就能快速检测出标本是否带有新冠病毒。[①] 上海交大与企业合作开发的试剂盒成为国家正式批准的第一批新型冠状病毒检测试剂盒之一。厦门大学生命科学学院教授李庆阁团队研制的检测试剂，无须严格的实验室条件，加入样品 1 小时后就会自动完成检测并出具报告，省去样本运输、病毒核酸提取、加样、扩增等环节，被称为一键检测新型冠状病毒的“神器”。李庆阁团队还成功研制了新型冠状病毒 RNA（核糖核酸）假病毒标准品、病毒裂解和病毒核酸保存管。新型冠状病毒 RNA 假病毒标准品是人工构建的可量产的不具备传染能力的假病毒，可用于检验检测试剂，被认为是检测试剂的试金石。病毒裂解和病毒核酸保存管，可以在保存样品的过程中杀死病毒但保存核酸，可谓样本运输的安全仓。两者的成功研制极大降低了病毒二次传播的可能性，相当于为研制人员、医护人员穿上了隐形的防护服。[②] 据教育部科技司司长雷朝滋介绍，至 2020 年 3 月中旬，已有 7 种高校联合企业研发的核酸检测产品通过国家药监局的审批，并在本次抗“疫”当中投入临床使用；清华大学、四川大学、厦门大学、电子科技大学、重庆医科大学 5 所大学研发的 14 种新冠病毒检测试剂获得欧盟认证，正式取得进入欧盟市场的资质；由高校研发的部分疫苗也有望尽快进入临床研究和应急使用。[③]

（三）医学类院校和高校附属医院在运用互联网、大数据等现代信息技术方面显示了自己的优势

运用现代信息技术开展远程会诊，依靠前方后方共同的智慧和力量诊治重症、危重症患者，是医学类院校和高校附属医院的显著特色。据《中国

① 《一切服从前线和国家需求——华中科技大学加强科研攻关推动疫情防控救治》，《中国教育报》2020 年 3 月 11 日第 3 版。

② 《为战疫注入科技力量——各地各高校在科研一线防疫抗疫综述》，《中国教育报》2020 年 2 月 8 日第 1 版。

③ 《高校科技战疫攻关取得新进展》，《中国教育报》2020 年 3 月 18 日第 1 版。

教育报》报道，中南大学建立的远程医疗云平台，在最短时间完成了6所医院的隔离病区、重症监护室、急诊科、呼吸科等30个节点的布局，使用电脑程序、手机App平台等多种接入方式，开展跨平台、跨院区、跨体系会诊并提供疫情数据服务，实现了省内外各种疫情救治医疗资源的共享。由郑州大学主导的新冠肺炎疫情防控远程会商系统，可以联网全省130家定点救治医院，实时监测、跟踪、共享各单位疫情防控信息，开展专家会诊、疑难病例讨论、影像病理诊断、治疗方案指导，有效提高了全省疫情防控能力和效果。① 据《北京晚报》报道，2月27日，在华为、中国联通、缙铖医疗等企业的支持下，清华长庚医院、复旦大学附属中山医院、中山大学第一附属医院的知名专家通过"5G远程CT协作平台"，与武汉雷神山医院的医生进行会诊，实现了医学原始影像远程读取，千里之外"后排助攻"。这是5G技术运用于病患诊疗的新探索，对我国推进分级诊疗，缓解医疗资源不足，将起到很好的示范作用。②

医学类院校和高校附属医院在这次新冠肺炎疫情防控工作中显示的重要地位和作用，对我们今后的高等教育特别是医学教育有两点重要启示。

第一，对我们这样一个大国来说，必须有足够的高水平医科大学。这不仅是平时满足人民群众卫生健康需求的需要，更是应对突发公共卫生事件和其他重大灾难的需要。实事求是地说，各地和军队抽组医疗力量支援湖北，已经尽了最大努力，达到最高限度。万幸这次疫情没有在湖北以外省份大规模暴发，如果真的出现那样的局面，到最后国家很可能无医可派。因此，我们必须未雨绸缪，及早谋划，加快高水平医科大学和高校医学院建设步伐。现有医学类院校和高校医学院要挖掘潜力，扩大办学规模，增加人才培养数量。还要在群众卫生健康需求缺口较大的中西部地区布局一些新的医学类院校，并且从一开始就积极向世界先进高等教育体系靠近，努力建设医学类世界一流大学、一流学科。应当继续坚持大型医院挂靠在大学的建设模式，并

① 《为战疫注入科技力量——各地各高校在科研一线防疫抗疫综述》，《中国教育报》2020年2月8日第1版。

② 《5G远程CT会诊落地雷神山》，《北京晚报》2020年2月28日第7版。

且要杜绝只是简单冠名的做法，切实加强大学对附属医院的指导帮助，使附属医院的水平真正与大学的名望相匹配。

第二，要着眼应对重大突发公共卫生事件和平时人民群众健康需求，加快高等医学教育改革。教育部根据习近平总书记给在首钢医院实习的西藏大学医学院学生重要回信精神，就此做了明确部署和要求，应当结合各地实际认真落实。要坚持德育为先、能力为重，培养具有仁心仁术的高素质医学人才。将思想政治教育和医学职业素养教育贯穿人才培养全过程，培养学生“珍爱生命，大医精诚”的救死扶伤精神，引导我们的学生把预防疾病、为人民群众解除病痛、维护大家的健康作为自己的神圣职责。建设高水平的临床实践体系，给学生更多的实践机会，让他们在生动具体的实践中练就过硬本领、提高岗位适应能力。要加强全科医学学科建设，建立健全全科医学教研室、全科医学系或全科医学院，加强面向全体医学生全科医学教育和预防医学教育，培养更多的“小病善治、大病善识、重病善转、慢病善管”的全科医学人才，为更好地开展全科医疗服务、做好疾病预防工作奠定坚实基础。要针对此次疫情防控对医学教育提出的挑战，加快推进新医科建设，构建预防、诊疗、康养等服务生命周期健康全过程的人才培养体系，深化临床医学、中医学、预防医学、护理学、健康服务与管理等专业改革，促进医科与工科、理科、文科交叉融合，努力培养复合型、创新型医学拔尖人才，以适应全面实施健康中国战略的需要。

二　认真总结教育系统全面落实防控措施、确保师生生命安全和身体健康的经验，不断提高教育部门应对公共危机能力

全国有近 3 亿师生，能否守护好他们的生命安全和身体健康，有效防止疫情向校园蔓延，党和国家领导人以及广大师生家长对此给予高度关注。疫情发生以来，全国教育系统认真贯彻党中央、国务院决策部署，把守护师生生命安全和身体健康放在第一位，团结一心，众志成城，持续奋战，有力有

序做好疫情防控工作，铸就了确保师生和校园安全的钢铁长城。这方面的宝贵经验，对不断提高教育部门应对公共危机能力乃至实现整个治理能力和治理体系的现代化，都具有重要借鉴意义。

（1）快速反应，紧急行动，把握防控主动权。疫情发生后，教育部第一时间召开会议，成立应对新冠肺炎疫情领导小组，制定防控措施。领导小组明确提出，防止疫情向学校扩散，守护师生安康，维护校园稳定，是教育系统的一项重大政治任务，是当前最重要的工作，要求各级以高度的责任心和强烈的使命感，守住校园这片净土，确保师生生命安全。此后，教育部又根据疫情发展变化，多次做出部署，要求大家把问题想得更严重一些，一切要想到前面、做到前面，一切都要做细做实。教育系统各级领导和广大教职员工坚决听从号令，自觉履职尽责，使各项防控措施得到较好落实。

（2）科学布防，精准施策，增强防控有效性。牢牢盯住居家、返程、学校这三个重点战场，精准到校，精准到人，确保防控措施全覆盖。在果断做出全国所有学校推迟开学重大决策的基础上，又制定"五个一律"的硬性规定严防死守：未经学校批准，学生一律不准返校；校外无关人员一律不准进入校门；师生进入校门一律核验身份和检测体温；对发烧咳嗽者一律实行医学隔离观察；不服从管理者一律严肃处理。各学校都采取了对校园划区划片管理、学生公寓封闭管理、设置独立隔离区等措施，还采取"人盯人"办法，主动联系每一位学生，及时掌握学生健康状况，做到早发现、早报告、早隔离、早治疗。

（3）各守其土，各尽其责，调动各方积极因素。教育系统各级领导干部特别是各个学校的书记、校长自觉当好第一责任人，坚持守土有责、守土担责、守土尽责，坚守岗位，靠前指挥，努力做到守好"责任田"，护好"一校人"。广大教师立即行动起来，通过一切手段跟自己的学生联系，了解掌握大家的健康状况，主动做好学生心理疏导和在线学习的指导工作，努力成为学生生命健康的守护者、自主学习的陪伴者、德智体美劳综合素质的培育者。各级教育督导委员会和设在中小学、幼儿园的10万余名责任督学认真落实《教育督导条例》《教育重大突发事件专项督导暂行办法》《中小学校责任督学挂牌督导办法》，在疫情防控中当好监督员、检查员、信息员。承担守卫校门、校内巡逻任务的学校保卫队伍做到了风雨无阻、一丝不苟，为广大师生筑起抗击疫情的“第一道防线”。

这次防控新冠肺炎疫情的实践启示我们，为了有效应对突发的公共危机，必须在现有基础上加强三个方面的工作。

（1）构建校园重大传染病应急防疫机制。中央民族大学教授浦天龙、陕西科技大学校长马建中、北京科技大学副研究员李虹等专家学者认为，重大传染疾病具有突发性、未知性、致命性等特征，一旦暴发，传染力强，传播范围广，致死率高且应急治疗措施有限。而目前实际情况是，学生疾病防范意识不强，学校缺少落实《传染病防治法》等有关法律法规的具体办法和措施，健康教育的保障力度也不够。因此，构建高效有序的校园重大传染病应急防疫机制，迫在眉睫，刻不容缓。要构建规范的校园重大传染病防疫预警机制，并且加强必要的演练，确保预警机制能够快速启动。要强化全面的校园重大传染病防疫处置能力，包括疫情判断能力、快速响应能力、紧急医治和病患转运能力、校内各类人员管控能力、舆情控制和心理疏导能力等。要构建完善的校园重大传染病防疫评价体系，通过问卷调查、实地调查等形式，适时对校园重大传染病应急预警能力、处置能力以及软硬件条件等做出评价，以此倒逼强化应急防疫体系建设。

（2）要积极推进学校治理体系改革创新。应当认真总结查找此次疫情防控中学校在人才培养、资源配置、部门协同等方面暴露出来的问题和不足，进一步激发学校内部管理的活力、效率、内生动力和发展潜力，更好地实现内涵式发展，把中国特色的学校制度优势转化为治理效能优势，形成高水平的管理体系。要充分运用信息化手段，扎实推进“智慧校园”建设，完善一站式综合服务大厅、OA办公系统、一卡通、智慧学工、智慧教室等应用系统，实现教学、管理、服务等各类数据资源互通共享，简化师生办事程序，提高学校治理决策科学化和治理方式精细化水平。要坚持问题导向和需求导向，进一步细化和规范面向基层、面向师生、面向社会的各项管理服务制度，不断增强制度的权威性和执行力。

（3）要切实加强对舆情的控制。这次新冠肺炎疫情防控过程中，网上时有不实信息甚至耸人听闻的谣言出现，导致人们产生恐慌心理和不良情绪，干扰和破坏疫情防控大局。这就要求我们今后在遇到突发公共危机时，注意把握舆情动态，及时发布权威信息，回应学生及家长关切。要把思想政治工作跟上去，增强及时性、针对性和专业性，在强信心、暖人心、聚民心上下功夫。科学是谣言的“粉碎机”。面对突如其来的复杂情况，要借鉴这次防控疫情的经验，及时组织专家做出说明和解释，让谣言在科学面前不攻自破。

三　大力宣扬高校医务人员在抗疫斗争中表现出来的伟大牺牲奉献精神，进一步增强广大师生的家国情怀与责任担当

在这场抗击新冠肺炎疫情的人民战争中，医学类院校和高校附属医院广大医务人员的表现出类拔萃、可圈可点。他们以饱满的热情和昂扬的斗志，夜以继日，连续奋战，成功挽救了数万患者的生命。他们是当之无愧的生命守护神，是顽强抗击新冠肺炎疫情的英雄，是新一代最可爱的人。我们应当认真总结、大力宣扬他们的先进事迹和宝贵精神，以此增强广大师生的家国情怀与责任担当。

医学类院校和高校附属医院医务人员的崇高精神集中体现在四个方面。

（1）一声令下，闻风而动，义无反顾奔赴第一线的昂扬战斗热情。准备组建医疗队支援武汉的消息传出以后，各医学类院校和高校附属医院不等领导动员，就有大批医生、护士主动报名，“请战书”“求战书”如雪片般飞向领导同志案头。中南大学附属湘雅医院“80后”急诊医师宋延民在发给急诊科党支部书记李湘民的微信中写道：“如医院有援助湖北的任务，我要求报名参加，不计报酬、不论生死，可随时加入战斗！”未等李湘民答复，宋延民就直接拖着行李箱来到科室，做好了出发的准备。武汉大学中南医院神经内科副主任医师高永哲和护士长黄文莉夫妇，听说要成立武汉客厅

“方舱医院”，双双报名参加。领导让他们留下一个，他们坚决不同意。从进入“方舱医院”开始，两人一个负责诊治新冠肺炎患者，一个负责管理病人的护理，由于工作性质和隔离区域不同，除了偶尔工作上的交集，一天很少有机会见上一面，只有到吃饭休息时间，高永哲才抽空拿起电话问问妻子在哪里，叮嘱她注意自身防护。安徽医科大学第四附属医院影像科医生焦文伟和安医大附属阜阳医院护士刘晓雷都是计划好要在农历鼠年的正月穿上婚纱的，疫情发生后，她们果断推迟婚期，毫不犹豫冲上防控疫情第一线。

（2）不怕任何艰难困苦，甚至不惜献出宝贵生命的牺牲奉献精神。进入感染区病房的医护人员遇到的困难和考验是常人难以想象的，比如：由于长时间戴着不透气的橡胶手套，离开病房后又反复洗手消毒，不少医生护士手上布满裂口；紧压在脸上的护目镜和口罩，勒出了道道血痕，毁了许多年轻姑娘的妆容；每天十多个小时不吃不喝不睡，每个人的身体都在超负荷运转；防护物资短缺的现实，让大家面临着被感染的高风险；等等。但是来自医学类院校和高校附属医院的医务人员，从高级专家到普通护士，无一人瞻前顾后、畏首畏尾。“岂曰无衣，与子同袍”，“人民对我有恩，我当回报人民”，“不为拯救苍生，只求问心无愧”，是他们共同的情怀。南昌大学第一附属医院重症医学科主任钱克俭连续在急救病房坚守 27 个日夜，几乎每天都会上演“生死时速”。有人发现他每天的微信步数都在 18000 步以上，而整个病房长度不到 100 米，说明他每天要在病房里奔波上百个来回，其工作强度和疲劳程度可想而知。青岛大学附属医院副院长、青岛市新冠肺炎疫情防控专家组组长孙运波在隔离病房里教一位重症患者做肺功能训练时，为了让患者看清自己嘴巴的动作、知道该如何用力，竟然摘下了口罩。这一幕让在场的所有医务人员泪目。

（3）始终把患者放在第一位，尽一切可能抢救患者生命的高尚职业操守。武汉大学人民医院急诊科主任兼重症医学科主任魏捷和她率领的团队，从“前线”冲上“火线”后，一天 24 小时有 22 个小时都如打仗般紧张，每天好几百号病人排队就诊，别说吃饭、喝水了，上厕所都很困难。忙到凌晨 2 点喘口气后，凌晨 4 点又要开始新一天的工作。面对情况的极端复杂和身体的极度疲劳，从事急诊工作37年的魏捷主任和她的同事们淡定从容，临危不乱，凭借长期练就的勇敢和智慧，抢救了一个又一个呼吸困难、生命垂危的患者。魏捷在朋友圈里写道："说了会赢，就一定赢，女排精神，永不负！这一路，绝不让步！"中山大学援鄂医疗队明确提出"在我们这里没有'放弃'二字"，采取各种办法，硬是把一位89岁高龄、心率急剧下降、血氧掉到50%的重症患者从死亡线上救了回来。

（4）自觉听从指挥、紧密团结协作的集体主义精神。抗疫期间，有这样一段视频：2月7日，山东大学齐鲁医院医疗队与四川大学华西医院医疗队在武汉天河机场不期而遇，他们在各自的通道上向对方招手喊话，共同加油鼓劲。这一幕温暖了许多人。从祖国四面八方到达第一线的各个医学类院校和高校附属医院的救援队伍，坚决贯彻落实国家卫建委指示要求，自觉服从受援地党委、政府和卫健部门的统一调度和指挥，指向哪里就冲到哪里，交给什么任务就完成好什么任务，不说二话，不讲"价钱"。他们还特别注意与兄弟医疗队紧密配合、团结协作，虚心学习借鉴对方的好经验、好做法，始终保持了谦逊谨慎的好作风。

医学类院校和高校附属医院医护人员在防控战斗中所表现出来的崇高精神，集中体现了爱党、爱国家、爱人民、爱社会主义的思想情感，体现了医者仁心和"敬佑生命、救死扶伤、甘于奉献、大爱无疆"的职业精神，体现了高校人员"有理想信念、有道德情操、有扎实知识、有仁爱之心"的良好素养。广大师生向他们学习，就是要像他们那样不忘初心、牢记使命，不断增强政治意识、大局意识、核心意识、看齐意识，坚定对中国特色社会主义的道路自信、理论自信、制度自信和文化自信，自觉维护习近平同志党中央核心和全党核心地位，维护党中央权威和集中统一领导，时刻听从党的号令和指挥。就是要像他们那样发扬人道主义精神，敬佑人的使命，以保护生命、拯救生命、呵护生命为最大的善，以漠视生命、损害生命、践踏生命为最大的恶。就是要像他们那样懂得感恩、懂得爱，努力达到大爱无疆的境界。老师要像爱自己的孩子一样爱学生，学生要像爱自己的父母一样爱老师。要像他们那样爱岗敬业、恪尽职守。教书育人是教师的天职，读书求知是学生的本分。老师钟爱专业，学生钟爱学习，既是对个人、家庭负责，也是对国家、社会负责；既是对今天负责，也是对未来负责。就是要像他们那样内心有定力，思想有信仰，热爱真理，恪守正义。无论遇到什么情况，都应当保持自己的良心和良知，坚持理性和公道，善于辨别是非、善恶、真假，维护真善美，摒弃假恶丑。要相信我们的党，相信我们的国家，团结一致，同心同德，脚踏实地，埋头苦干，为实现“两个一百年”奋斗目标、为实现中华民族伟大复兴的中国梦而不懈奋斗。

四　总结“停课不停学”的经验做法，进一步发挥互联网作用，推进教学模式改革

为了既有效阻断疫情向学校扩散，又不耽误学生学习，从2月17日起，教育部和各地教育部门广泛开展了在线教育，以期达到“停课不停学”的目的。如此大规模地应用在线教育，既缺乏可供借鉴的成熟经验，也无现成的模式可以沿用。但经过积极探索实践，找到了开展在线教育的基本路径，形成了“停课不停学”的基本经验。

（1）多渠道供给教育资源。一是开放面向全国中小学生的国家网络云课堂，以“一师一优课、一课一名师”项目获奖的课程为基础资源，吸收其他高质量的在线课程教学资源，供各地学校组织学生在线学习。在新冠肺炎疫情期间，不同地区的中小学生都可以在足不出户的情况下，根据自己所使用的教材版本，选择其中的课程，同步在线学习。二是开启电视台学习频道。针对那些无法连接互联网或者网速较慢的边远艰苦地区学生，中国教育电视台第四频道空中课堂以《同上一堂课》形式，播出小学各年级课程，兼顾初三和高三学习要点串讲。一些地方也开启电视台学习频道，让大家通过定时收看电视进行学习。三是实施在线直播教学。教师在指定地方或者在家里，通过电脑或者移动终端，模拟传统课堂进行授课，学生在家中借助平板电脑、手机等互联网设备进行听课学习。通过这种学习方式，教师可以与本班级的学生进行在线交流、视频互动，针对学生提

出的问题进行在线答疑和辅导，并可以实现对学生的管理和个性化指导。四是推送优质网络学习资源供学生自主点播学习。清华大学附属小学、中国人民大学附属中学等知名学校将一些优质数字学习资源免费向社会开放，人民教育出版社免费提供了电子版教材，“学习强国”和一些社会网络教育企业也开放了大量直播和点播视频资源，为学生随机、自主与个性化的点播学习创造了良好条件。

（2）课程教育与疫情防控教育紧密结合。在有计划、有步骤地进行线上课程教育的同时，强化爱国主义教育引领，把防控疫情先进事迹教育和防疫知识教育、生命教育、公共安全教育、心理健康教育等作为重要学习内容录课，引导学生正确认识人与社会、人与自然的关系，尊重客观世界，科学理性行事，培养学生爱党、爱国家、爱人民、爱社会主义的思想情感。

（3）采取灵活多样的教育和学习方法。教育部和各地教育部门及时调整规范线上教学行为，严令禁止普遍要求教师直播上课或录课，不得强行要求学生每天上网“打卡”、上传学习视频，尽量避免因学生打印作业或学习资料造成家长临时购买设备的情况，增加学生家庭经济负担。充分考虑线上学习特点和学生实际需要，防止照搬照套正常课堂教学安排、教学方式和时长。坚持把学生身心健康放在第一位，科学、适度安排线上学习，让学生有足够的休息、娱乐和体育锻炼的时间。

（4）注意发挥教师在线上学习中的作用。如果在线学习缺少学生熟悉的校内教师的介入，缺少约束性和临场感，缺少个性化、差异化施教，很可能影响学生对在线学习的兴趣，甚至导致学生产生抗拒心理和应付心态。各地教育部门都应注意加强对教师的培训，帮助他们掌握和熟悉教育信息化的相关技术，学会学生在家中学、老师在远程教、师生远程互动的方式方法。在教师工作安排上，除一些骨干教师进行课程录制外，多数教师则以多种形式参与学生线上学习的指导、答疑和与学生家长的沟通工作。

这次大规模、长周期的在线教育，打破了教育资源的时空界限，也模糊了线上教育与线下教育的界限，是全球最大的教育信息化基础设施升级改造工程和师生信息化素养提升培训工程，是全球最大的信息化教学社会试验和一次开放教育资源运动，呈现出“弹性教学、自主学习，按需选择、尊重差异，开放资源、科技支撑，政府主导、学校组织、家校联动、社会参与”等鲜明特点①，实际上是一场教育革命，将对今后的教育模式变革产生广泛而深刻的影响。

必须看到，随着网络的普及和在线教育的发展，人们的学习方式不再局限于传统的按部就班的学校教育和线下培训，随时随地通过多样化的学习工具、学习资源开展学习已经是人们普遍的学习方式。从学校的情况看，长期以来，在线学习只是作为一种非正式的学习方式，正式学习依然局限在传统的课堂教育中。我们应当认真总结这一段时间组织线上学习的经验，以此促进教育模式改革。

那么，如何搞好以线上学习为主要特征的教学模式改革呢？一些专家学者提出如下建议。

（1）要充分认识推进教育模式改革、加快教育信息化的必要性和必然性。疫情期间开展的大规模、长周期的线上学习，既是一个不得已而为之的权宜之计，又是一次普及教育信息化的实际体验，具有多方面的意义和价值。它让教育搭上互联网、人工智能的快车，促进了教育资源的拓宽、教育时空的延展，推动了学习模式由被动学习向自主学习的转变。它有利于促进教育公平。我国教育的痛点之一是教育不够公平，城乡之间、区域之间、学校之间客观存在办学水平和教育质量的差距。这次大规模、长周期的线上学习，所有学生，不管是重点学校的还是薄弱学校的，是城市学校的还是农村学校的，大家都在同一个平台上学习，都可以挑选适合自己的教育资源，这就在一定程度上提升了教育公平。线上学习具有灵活性、主动性、交互性、数据化等优势，既可以节约大量人力、物力、财力，又有利于促进教学的科学化、精准化、个性化。我们应当充分认清线上教育的必要性和必然性，积极主动做好线上教育与线下教育有机融合的文章。

（2）要建立“教育行政部门—学校—教师—家长”多方联动模式。线

① 黄荣怀：《抓住关键要素 有效推进在线学习》，《中国教育报》2020 年 3 月 7 日第 3 版。

上学习与学校教育不是取代与被取代的关系，而是一种相互融合的关系。教育行政部门、学校和教师一定要站到线上学习的前台，发挥主导作用。教育行政部门要提供政策和经费保障，搞好教师培训，帮助教师加深对线上教学理念的认知，提升教育技术水平和线上教学能力。学校要选择合适的线上教育平台，将线下班级和课堂迁移到线上，使线上学习内容与学校教育内容紧密衔接，开展制度化的线上教学活动。教师要利用在线平台，采用静态课程和直播课程、线上学习和混合学习、直接授课和翻转课堂等多种方式开展教学和辅导。家长要做好线上学习的学习监督。

（3）要进一步提高线上教育技术保障水平。线上教学要发挥直播、点播、资源下载、教学交互和学习支持服务等功能，对网络基础设施和运行环境提出了更高要求。国家应当适应线上教育需要，继续加强网络宽带建设，提高不同网络运营商跨网、跨区域、跨平台的传输质量，要加快5G技术在教育领域的部署和应用，启动教育专网设计与论证，确保在线教育拥有快速、稳定、可控、安全的网络服务。要利用互联网、大数据、人工智能等先进技术手段，延伸教育的时空领域，提高远程学习的交互性、情境性、及时性。要采用实时与非实时结合、富媒体与电子文本结合、交互与广播结合的手段，最大限度满足学生对优质学习资源的需求。

应当鼓励和支持社会网络教育企业为线上学习服务，但要引导他们坚持以人为本，以学生的有效学习为本，创造可行可靠、成本合理的教学模式。这次疫情期间，在“停课不停学”的口号下，社会上一些网络教育机构以强大的心理攻势敲打着心存焦虑的家长，乘机推销五花八门的网上学习产品，搞得家长无所适从，孩子惶恐不安。今后应当警惕和防止这种情况重现。

（石宝华执笔）

• 政策研究 •

2020年后缓解中国相对贫困的教育扶贫理念与政策展望*

王小林　冯贺霞**

【摘　　要】2020年后，中国扶贫工作将由消除绝对贫困向缓解发展不平衡、不充分的相对贫困转变。本文首先基于可行能力理论、人力资本理论、生命周期理论视角梳理了缓解相对贫困的教育扶贫理念。然后回顾了中国的教育扶贫战略及不同阶段教育扶贫政策及其特征。并通过纵向比较和横向的国际比较，分析了中国教育扶贫政策措施取得的成效，总结出中国教育扶贫的主要经验。在此基础上，针对2020年后缓解相对贫困提出教育扶贫政策展望。

【关 键 词】相对贫困　教育扶贫　人力资本　可行能力

一　引言

长期以来，教育扶贫被视为促进脱贫、防止返贫的重要手段，同时在大

---

* 本文为国家社会科学基金重大项目“基于多维视角的2020年以后我国相对贫困问题研究”（项目号：19ZDA051）阶段性成果。

** 王小林，复旦大学六次产业研究院副院长、教授、博士生导师，研究方向：贫困治理、公共服务、国际发展等。冯贺霞，复旦大学六次产业研究院博士后，研究方向：贫困与发展。

规模消除绝对贫困、阻断贫困代际传递方面发挥着非常重要的作用①。教育是人力资本的重要组成部分之一，且教育带来的收益超越了个体自身所得的收益，会延伸到其他人身上，并会在代际传递②。人力资本在生产过程中发挥了补充物质资本的作用，是技术创新和长期增长的重要投入③。各国人均国内生产总值（GDP）10%～30%差异是由人力资本的跨国差异引起的④，如果将教育质量或者具有不同技能的工人之间的互动纳入考虑的范围，这一百分比甚至可能会更高⑤。

大力发展教育尤其是基础教育，通过提高人力资本水平减少贫困、促进经济增长，一直是我国的基本国策。改革开放以来，我国大规模的教育扶贫实践取得巨大成就。初中毛入学率由1980年的43.03%上升到2017年的103.5%，⑥ 超过或相当于高收入国家的平均水平，基础教育基本普及。然而，随着人工智能的发展，大规模可重复、可编码的工作将由机器完成，新的就业岗位对劳动力的高级认知技能和社会情感技能要求更高，未来工作性质的变革给当今人力资本的投资带来新的挑战⑦。另外，全面打响脱贫攻坚战以来，我国取得了巨大的脱贫成效。目前，脱贫攻坚目标任务接近完成。贫困人口从2012年底的9899万人减到2019年底的551万人，贫困发生率

---

① 〔印度〕阿玛蒂亚·森、让·德雷兹：《印度：经济发展与社会机会》，黄飞君译，社会科学文献出版社，2006；王文静、李兴洲主编《中国教育扶贫报告（2017）》，社会科学文献出版社，2017；王浩名、岳希明：《贫困家庭子女受教育程度决定因素研究进展》，《经济学动态》2019年第11期。

② Flabbi, L., & Gatti, R. V. (2018). "A Primer on Human Capital", *Policy Research Working Paper* 8309, World Bank, Washington, D. C..

③ World Bank (2019). "World Development report 2019: The Changing Nature of Work", Washington, D. C.: World Bank.

④ Hsieh, Chang-Tai, & Peter J. Klenow. (2010). "Development Accounting", *American Economic Journal: Macroeconomics* 2 (1): 207-23.

⑤ World Bank (2019). "World Development report 2019: The Changing Nature of Work", Washington, D. C.: World Bank.

⑥《2017年全国教育事业发展统计公报》，中华人民共和国教育部网，http://www.moe.gov.cn/jyb_sjzl/sjzl_fztjgb/201807/t20180719_343508.html。

⑦ World Bank (2019). "World Development report 2019: The Changing Nature of Work", Washington, D. C.: World Bank.

由 10.2%降至 0.6%，连续 7 年每年减贫 1000 万人以上。到 2020 年 2 月底，全国 832 个贫困县中已有 601 个宣布摘帽，179 个正在进行退出检查，未摘帽县还有 52 个，区域性整体贫困基本得到解决。[①] 2020 年以后，我国扶贫工作将会由解决绝对贫困向缓解相对贫困转变[②]。

在新阶段工作性质变革带来的挑战、扶贫工作由解决绝对贫困向缓解相对贫困转变的时代背景下，本文研究的主题是"2020 年后缓解中国相对贫困的教育扶贫理念和政策展望"；重点关注的问题是，2020 年后，我国教育扶贫需要重点考虑的内容有哪些，哪些方面需要坚持，哪些方面需要改进。

为了回答上述问题，本文第二部分梳理了缓解相对贫困的教育扶贫理念；第三部分回顾了中国的教育扶贫战略，并对中国教育扶贫政策 2020 年后的转变做出判断；第四部分分析了中国已有的教育扶贫政策措施及其成效，总结出中国教育扶贫的主要经验；第五部分就 2020 年后缓解中国相对贫困的教育扶贫提出相应的政策展望。

二 缓解相对贫困的教育扶贫理念

（一）缓解相对贫困的教育扶贫理论

已有文献对教育在脱贫、返贫，以及阻断代际贫困中的关键作用做了大量的理论研究和实证研究，相关研究主要基于三个理论视角展开。一是阿玛蒂亚·森（Amartya Sen）的可行能力理论，认为教育对可行能力的提升具有重要的工具性价值和内在价值，是减少收入贫困和其他维度贫困

① http：//www.cppcc.gov.cn/zxww/2020/03/07/ARTI1583539449347123.shtml。

② 孙久文、夏添：《中国扶贫战略与 2020 年后相对贫困线划定——基于理论、政策和数据的分析》，《中国农村经济》2019 年第 10 期；陈志钢、毕洁颖、吴国宝、何晓军、王子妹一：《中国扶贫现状与演进以及 2020 年后的扶贫愿景和战略重点》，《中国农村经济》2019 年第 1 期；王小林、冯贺霞：《2020 年后中国多维相对贫困标准：国际经验与政策取向》，《中国农村经济》2020 年第 3 期。

的重要因素；二是人力资本理论，认为教育作为人力资本的重要组成部分，对个体摆脱长期的代际贫困起着关键性的作用，且对社会经济的发展产生显著的正外部性；三是生命周期理论，认为教育在人的生命周期的不同阶段产生的影响是有差异的，早期教育的投资回报率要高于教育在较高年龄时的回报率。

1. 可行能力理论

教育对个人可行能力的提升具有重要价值。阿玛蒂亚·森的可行能力理论着重考察的是构成人的有价值的生活的“功能性活动”的缺失①。这些功能性活动包括吃、穿、住、行、读书、就医、社会参与等。教育对人的可行能力的提升具有重要的内在价值和工具性价值。阿玛蒂亚·森、让·德雷兹认为，教育和健康至少在五个方面对个人的可行能力有显著价值。一是内在重要性，受教育和健康本身就是有价值的成就，有机会得到它们，对个人的实际自由有直接重要意义；二是工具性的个人作用，即个人的受教育和健康有助于其做很多事，不仅是个人有教养和健康，也包括随着收入和经济手段的增加而又增加其他可行能力；三是工具性的社会作用，即更多的识字等基础教育能够促进对社会需求的公共讨论，鼓励有见识的集体需求，转而增加公众享受的设施，提供更好的有效服务；四是工具性的程序作用，学校教育程序甚至能够获得正规教育目标之外的好处；五是授权与分配作用，有助于获得更好的待遇，在不同社会群体和家庭内部实现再分配的平等。②

2. 人力资本理论

人力资本对人类社会的发展至关重要。在新经济增长理论的研究中，人力资本是其中最重要的变量。人力资本由知识、技能和健康组成，是在人的生命发育过程中积累而成的，人力资本使人们实现了人作为社会生产成员所

① Sen, A. (1976). “Poverty: An Order Approach to Measurement”, *Econometrica*, 44 (2): 219-231.

② 〔印度〕阿玛蒂亚·森、让·德雷兹：《印度：经济发展与社会机会》，黄飞君译，社会科学文献出版社，2006。

具有的潜力①。对青年一代教育、培训、迁移等方面的投入都可以视作人力资本投资②。事实上，人力资本与物质资本相对应而存在，物质资本是投资于物形成的资本，如机器、厂房等，人力资本是投资于人而形成的资本，包括对教育、健康、技能等的投资所形成的资本。Schultz 认为“索罗剩余”中的绝大部分来自劳动力的教育、健康和人力资本的增加，人力资本对一个国家的经济发展起着非常重要的作用。其中，教育是人力资本形成的基础，对切断贫困恶性循环、阻断代际贫困起着关键性的作用。相关研究表明，经济上处于贫困状态的人普遍认为教育是他们的孩子向社会上层流动的最有希望的机会③。

早期人力资本投资的回报率更高。最近对儿童发展的研究发现，生命周期的不同阶段对于形成不同类型的能力至关重要，当错过形成这些能力的机会时，补救成本很高，全面补救往往代价高昂。确保儿童获得优质教育服务，消除他们在认知能力和社会行为技能上的早期差距，对那些希望对人力资本进行明智投资的政府而言，最好的做法是对儿童生命周期的“前 1000 天”进行投资④。Heckman 等人对美国密歇根州 20 世纪 60 年代实施的以 3~5 岁儿童为目标人群的佩里学前教育研究计划的研究评估表明，学前教育阶段对每个儿童每投资 1 美元，除了给个人带来 7~12 美元的回报外，还会带来超过个人回报的社会回报。⑤

政府在促进人力资本形成方面发挥着重要作用。人力资本投资的经济回报往往发生在数年后，尽管接受了基础教育的人所获得的收入高于没有接受

① World Bank (2019). “World Development report 2019: The Changing Nature of Work”, Washington, D. C.: World Bank.

② Schultz, T. W. (1960). “Capital Formation by Education”, *Journal of Political Economy*, 1960, 6, pp. 571-583.

③ Bara, D., Bhengra, R., & Minz, B. (1991). “Tribal Female Literacy: Factors in Differentiation among Munda Religious Communities”, *Social Action*, 41.

④ World Bank (2019). “World Development report 2019: The Changing Nature of Work”, Washington, D. C.: World Bank.

⑤ Heckman, J., Moon, S. H., Pinto, R., & Savelyev, P. A., & Yavitz, A. (2010). “The Rate of Return to the High Scope Perry Preschool Pro-gram”, *Journal of Public Economics* 94 (1-2): 114-28.

过教育的人，基础教育在劳动力市场上的回报却是在做出投资的10~15年后才实现的①。对儿童早期教育的投资更是如此。在牙买加，为学步期幼童提供心理社会刺激使参与者的收入提高了25%，但是这些回报在20年后才能实现②。教育投资周期长、成本高等特征使得个体与家庭往往无力承担获得人力资本所需要的成本。即使学校教育是免费的，交通成本、学习用品费用以及因学生入学而流失的工作收入也使教育的成本过于高昂，令人望而却步，在这样的情况下，政府干预措施可能会产生重要的影响。如，现金转移方案提高了低收入国家和中等收入国家数百万儿童的教育水平，即使现金转移方案提供的补贴仅占学校教育成本的一部分③。

3. 生命周期理论

生命周期视角下的发展理念是对个体发展不同生命阶段所面临的问题和脆弱性进行分析，确定从一个生命阶段到下一个生命周期的关键转变，它们为个体发展带来的风险和机会④。就整个生命周期而言，人力资本早期投资的回报率要高于在较高年龄时的回报率，收获时间要长于生命周期后期的投资⑤。UNICEF认为，产前和幼儿期的投资回报率比对老年人的投资回报率平均高出7%至10%⑥。

Fajth认为，个体早期的发展（holistic child development）主要涉及三个重要维度：生物学方面的人体测量指标值（anthropometric performance），如不同年龄段的身高体重指数（BMI）、运动技能等；认知技能（cognitive

① World Bank（2019）. "World Development report 2019: The Changing Nature of Work", Washington, D. C.: World Bank.

② Gertler, P., Heckman J., Pinto, R., Zanolini, A., Vermeersch, C., Walker, S., Chang, et al.（2014）. "Labor Market Returns to an Early Childhood Stimulation Intervention in Jamaica", *Science* 344（6187）: 998-1001.

③ World Bank（2019）. "World Development report 2019: The Changing Nature of Work", Washington, D. C.: World Bank.

④ UNICEF（2016）. "Cognitive Capital: Investing in Children to Generate Sustainable Growth", UNICEF East Asia and the Pacific.

⑤ World Bank（2019）. "World Development report 2019: The Changing Nature of Work", Washington, D. C.: World Bank.

⑥ UNICEF（2016）. "Cognitive Capital: Investing in Children to Generate Sustainable Growth", UNICEF East Asia and the Pacific.

skills)，它是形成智商的关键能力；社会情感技能（socio-emotional skills），它是培育情商的关键能力，能够影响儿童将来融入社会、参与社会活动的能力①。事实上，上述三个指标发展的不足，将会造成人体测量指标值增长缓慢、认知技能不足、社会情感技能不足，进而使得个体早期发展机会被剥夺，形成早期人力资本发展“缺口”（见图1）。

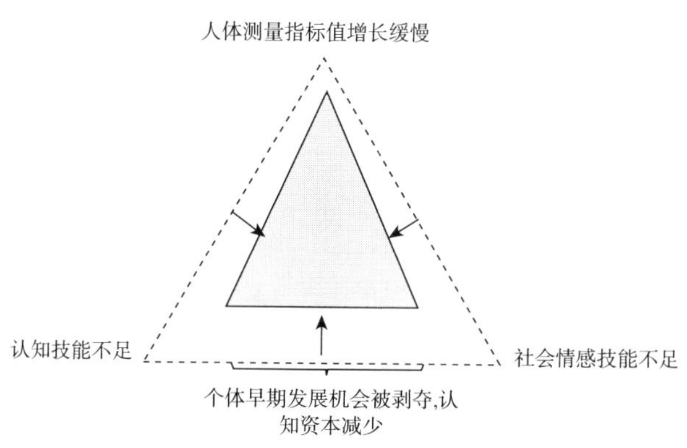

图1 早期人力资本发展“缺口”

资料来源：Fajth，G.（2018）.“How We Can Drive DoDO to Extinction：Addressing Developmental Opportunity Deprivation（DOD）”，EAPR Social Policy Networking Meeting。

针对个体早期发展形成的“缺口”，儿童生命的前1000天是第一个政策干预的重要机会窗口期②。这段时间对儿童的生物学指标和认知能力发展都十分重要。第二个政策干预的重要机会是青春期，这个阶段对培育儿童参与社会的能力，或者说社会情感技能十分重要③。

① Fajth，G.（2018）.“How We Can Drive DoDO to Extinction：Addressing Developmental Opportunity Deprivation（DOD）”，EAPR Social Policy Networking Meeting.

② Fajth，G.（2018）.“How We Can Drive DoDO to Extinction：Addressing Developmental Opportunity Deprivation（DOD）”，EAPR Social Policy Networking Meeting；World Bank（2019）.“World Development report 2019：The Changing Nature of Work”，Washington，D.C.：World Bank.

③ Fajth，G.（2018）.“How We Can Drive DoDO to Extinction：Addressing Developmental Opportunity Deprivation（DOD）”，EAPR Social Policy Networking Meeting.

可行能力理论、人力资本投资理论和生命周期理论表明，生命周期不同阶段的教育尤其是个体早期教育对个体可行能力和国家人力资本水平的提升都起着非常重要的作用，相应地，教育扶贫也是缓解长期贫困、代际贫困的重要途径。可见，教育扶贫首先要对个体不同生命阶段所面临的教育困境进行分析，再确定不同阶段教育扶贫的重点和难点，依次制定相应的扶贫政策。

三　中国教育扶贫战略回顾及转变

（一）中国教育扶贫政策

从 1994 年《国家八七扶贫攻坚计划（1994—2000 年）》的制定到现在，中国教育扶贫政策可分为 3 个阶段，具体政策见表 1。

表 1　中国 1994~2019 年国家教育扶贫政策

扶贫阶段	教育扶贫政策	主要内容及特征
《国家八七扶贫攻坚计划（1994—2000 年）》期间	《国家八七扶贫攻坚计划（1994—2000 年》（1994）	对教育扶贫机制进行框架性设计，瞄准不同程度基础教育的“普及”
	《国务院关于〈中国教育改革和发展纲要〉的实施意见》（国发〔1994〕39 号）	
	《中共中央国务院关于深化教育改革，全面推进素质教育的决定》（中发〔1999〕9 号）	
《中国农村扶贫开发纲要（2001—2010 年）》期间	农村教育政策：《中国农村扶贫开发纲要（2001—2010 年）》、《国务院关于进一步加强农村教育工作的决定》（国发〔2003〕19 号）	义务教育是政策关注的重点，“两免一补”等系列义务教育政策的制定，极大地推动了义务教育的普及；职业教育、学前教育开始成为政策关注的重点；教育资助阶段从义务教育延伸到学前教育、职业教育和高等教育
	义务教育政策：《国务院办公厅关于完善农村义务教育管理体制的通知》（国办发〔2002〕28 号）、《国务院办公厅关于转发教育部等部门〈国家西部地区“两基”攻坚计划（2004—2007 年）〉的通知》（国办发〔2004〕20 号）、《国务院办公厅转发财政部教育部关于加快国家扶贫开发工作重点县“两免一补”实施步伐有关工作意见的通知》（国办发〔2005〕7 号）、《国务院关于深化农村义务教育经费保障机制改革的通知》（国发〔2005〕43 号）、《国务院办公厅转发国务院农村综合改革工作小组关于开展清理化解农村义务教育“普九”债务试点工作意见的通知》（国办发〔2007〕70 号）	

续表

扶贫阶段	教育扶贫政策	主要内容及特征
《中国农村扶贫开发纲要（2001—2010年）》期间	职业教育政策：《国务院关于大力推进职业教育改革与发展的决定》（国发〔2002〕16号）、《国务院关于大力发展职业教育的决定》（国发〔2005〕35号）	义务教育是政策关注的重点，“两免一补”等系列义务教育政策的制定，极大地推动了义务教育的普及；职业教育、学前教育开始成为政策关注的重点；教育资助阶段从义务教育延伸到学前教育、职业教育和高等教育
	学前教育政策：《国务院关于当前发展学前教育的若干意见》（国发〔2010〕41号）	
	助学资助政策：《国务院办公厅转发教育部等部门关于开展经常性助学活动意见的通知》（国办发〔2003〕77号）、《国务院办公厅转发教育部财政部人民银行银监会关于进一步完善国家助学贷款工作若干意见的通知》（国办发〔2004〕51号）、《国务院办公厅关于切实解决高校贫困家庭学生困难问题的通知》（国办发〔2004〕68号）、《国务院关于建立健全普通本科高校高等职业学校和中等职业学校家庭经济困难学生资助政策体系的意见》（国发〔2007〕13号）	
《中国农村扶贫开发纲要（2011—2020年）》期间	《中国农村扶贫开发纲要（2011—2020年）》（2011）	教育扶贫在国家脱贫攻坚中的战略定位上升到新高度；强调义务教育质量的提升和均衡发展；教育扶贫维度从教育维度本身拓展到学生的营养、健康维度；从以学生为重点关注对象拓展到教师能力建设和学校布局的调整；教育范围从义务教育延伸到婴幼照护、学前教育、职业教育、高中教育、校外培训
	义务教育政策：《国务院办公厅关于实施农村义务教育学生营养改善计划的意见》（国办发〔2011〕54号）、《国务院关于深入推进义务教育均衡发展的意见》（国发〔2012〕48号）、《国务院办公厅关于规范农村义务教育学校布局调整的意见》（国办发〔2012〕48号）、《国务院关于进一步完善城乡义务教育经费保障机制的通知》（国发〔2015〕67号）、《中共中央国务院关于深化教育教学改革全面提高义务教育质量的意见》（2019）	
	教师支持政策：《国务院关于加强教师队伍建设的意见》（国发〔2012〕41号）、《乡村教师支持计划（2015—2020年）》、《中共中央 国务院关于全面深化新时代教师队伍建设改革的意见》（中发〔2018〕4号）	
	学前教育政策：《中共中央 国务院关于学前教育深化改革规范发展的若干意见》（2018）、《国务院办公厅关于开展城镇小区配套幼儿园治理工作的通知》（国办发〔2019〕3号）、《国务院办公厅关于促进3岁以下婴幼儿照护服务发展的指导意见》（国办发〔2019〕15号）	
	高中教育：《国务院办公厅关于新时代推进普通高中育人方式改革的指导意见》（国办发〔2019〕29号）	

续表

扶贫阶段	教育扶贫政策	主要内容及特征
《中国农村扶贫开发纲要（2011—2020年）》期间	职业教育:《国务院关于印发国家职业教育改革实施方案的通知》(国发〔2019〕4号)	教育扶贫在国家脱贫攻坚中的战略定位上升到新高度；强调义务教育质量的提升和均衡发展；教育扶贫维度从教育维度本身拓展到学生的营养、健康维度；从以学生为重点关注对象拓展到教师能力建设和学校布局的调整；教育范围从义务教育延伸到婴幼照护、学前教育、职业教育、高中教育、校外培训
	特殊教育:《国务院办公厅关于转发教育部等部门特殊教育提升计划（2014—2016年）的通知》(国办发〔2014〕1号)	
	民族教育:《国务院关于加快发展民族教育的决定》(国发〔2015〕46号)	
	校外培训政策:《国务院办公厅关于规范校外培训机构发展的意见》(国办发〔2018〕80号)	
	教育扶贫工程:《国务院办公厅转发教育部等部门关于实施教育扶贫工程意见的通知》(国办发〔2013〕86号)	
	脱贫攻坚政策:《中共中央国务院关于打赢脱贫攻坚战的决定》(2015)、《"十三五"脱贫攻坚规划》(2016)	

资料来源：作者根据中华人民共和国教育部网（http：//www.moe.gov.cn）、中华人民共和国中央人民政府网（http：//www.gov.cn/index.htm）资料整理。

1.《国家八七扶贫攻坚计划（1994—2000年）》期间

1994年，《国家八七扶贫攻坚计划（1994—2000年）》提出了改变中国教育文化落后状况的具体目标：基本普及初等教育，积极扫除青壮年文盲；开展成人职业技术教育和技术培训，使多数青壮年劳动力掌握一到两门实用技术。这一阶段的教育扶贫政策重在对教育扶贫机制进行框架性设计，目标重在扫除青壮年文盲、普及基础教育。这一阶段的教育政策及实施大幅度改善了中国教育文化落后的状况。截至2000年，中国实现了基本普及九年义务教育、基本扫除青壮年文盲（简称"两基"）目标，"两基"人口覆盖率超过85%[①]。

---

① 《书写民族更加辉煌的未来——改革开放30年中国教育事业实现跨越式发展》，中华人民共和国教育部网，http：//www.moe.gov.cn/jyb_xwfb/xw_zllssj/moe_1668/tnull_39689.html。

2.《中国农村扶贫开发纲要（2001—2010年）》期间

义务教育的普及依然是政策关注的重中之重，从完善农村义务教育管理体制到对农村义务教育阶段贫困家庭学生实行“两免一补”。再到深化农村义务教育经费保障机制改革，系列针对义务教育的政策实施，有力推动了义务教育的普及，缩小贫困地区与其他地区的教育差距。2000年底，中国普及九年义务教育的地区人口覆盖率是85%[①]，到2010年，普及九年义务教育的地区人口覆盖率达到98%以上，全国青壮年文盲率降到2%以下，成人文盲率降到5%以下[②]。

同时，学前教育开始成为政策关注的重点。2010年，《国务院关于当前发展学前教育的若干意见》（国发〔2010〕41号）对学前教育进行“定性”，认为发展学前教育，必须坚持公益性和普惠性。并且，这一政策提出以县为单位编制学前教育三年行动计划，开启了学前教育三年行动国家计划。另外，这一阶段，教育资助政策的资助力度加大，资助阶段从义务教育延伸到学前教育、职业教育和高等教育，资助范围从学费、课本费扩展到杂费、生活费。

3.《中国农村扶贫开发纲要（2011—2020年）》期间

2015年，《中共中央国务院关于打赢脱贫攻坚战的决定》提出，“通过发展生产脱贫一批，易地搬迁脱贫一批，生态补偿脱贫一批，发展教育脱贫一批，社会保障兜底一批，因地制宜综合施策，确保现行标准下农村贫困人口实现脱贫，消除绝对贫困”。这一举措将教育扶贫在整个脱贫攻坚中的战略地位提升到了前所未有的新高度。

这一阶段，关于义务教育的政策依然是最多的，普及义务教育仍然是核心，但更加强调义务教育的质量和均衡发展。值得注意的是，从2018年到2019年，关于儿童早期教育和发展，国家发布了三个政策文件，针对“学

① 《2000年全国教育事业发展统计公报》，中华人民共和国教育部网，http：//www. moe. gov. cn/s78/A03/ghs_left/s182/moe_633/tnull_843. html。

② 《人类教育史上的奇迹——来自中国普及九年义务教育和扫除青壮年文盲的报告》，中华人民共和国教育部网，http：//old. moe. gov. cn/publicfiles/business/htmlfiles/moe/moe _ 177/201209/141845. html。

前教育资源尤其是普惠性资源不足、政策保障体系不完善、教师队伍建设滞后、监管体制机制不健全、存在‘小学化’倾向、部分民办园过度逐利、幼儿安全问题时有发生”等问题，国家制定了学前教育深化改革的系列措施。3岁以下婴幼儿照护服务是生命全周期服务管理的重要内容，事关婴幼儿健康成长和终身发展。《国务院办公厅关于促进3岁以下婴幼儿照护服务发展的指导意见》（国办发〔2019〕15号）为贫困地区儿童和随迁儿童获得更好的早期发展机会提供了政策依据，体现了全生命周期视角下重视早期教育的发展理念。

另外，这一阶段教育扶贫政策从多个方面对教育扶贫进行支持，支持维度从单纯的教育维度拓展到儿童的营养和健康维度，对儿童早期营养、健康和教育的支持，不仅有助于提高儿童的身体健康水平和认知能力，还有助于提高国家未来的人力资本水平。再者，支持对象从资助学生到支持乡村教师能力建设，支持范围从义务教育到婴幼儿照护服务、学前教育、职业教育、高中教育、校外培训、民族教育、特殊教育，这些不仅体现了教育扶贫在整个脱贫攻坚上的战略高度，还意味着我国逐渐形成了比较完善的教育扶贫政策体系。

（二）教育扶贫政策的转变

《国家八七扶贫攻坚计划（1994—2000年）》期间，中国文化、教育相对比较落后，基本普及初等教育，积极扫除青壮年文盲是这一阶段教育扶贫政策的首要目标。《中国农村扶贫开发纲要（2001—2010年）》期间，“两免一补”等系列农村义务教育政策的实施大幅度提高了普及九年义务教育的地区人口覆盖率。2011年11月，中国全面完成普及九年义务教育和扫除青壮年文盲的战略任务[①]。这一战略任务的完成，并不意味着教育扶贫任务的终结，而是意味着其上升到一个更高层次，意味着我国教育扶贫政策发生了三个转

① 《人类教育史上的奇迹——来自中国普及九年义务教育和扫除青壮年文盲的报告》，中华人民共和国教育部网，http://old.moe.gov.cn/publicfiles/business/htmlfiles/moe/moe_177/201209/141845.html。

变：由重视基础教育向发展高质量教育转变；由普及义务教育向发展均衡教育转变；由重视基本文化素质的培养向激发个体发展能力转变。这三个转变在《中国农村扶贫开发纲要（2011—2020年）》期间的系列政策中开始显现。

四　中国教育扶贫的现实考量

（一）教育扶贫成效

1. 中国不同阶段教育的普及率呈快速上升趋势

1980年以来，中国教育发展取得了巨大的成就。成人识字率从1982年的65.51%上升到2018年的96.84%[①]。学前教育、初中教育、大学教育的普及率均呈快速上升趋势。其中，初中毛入学率从1980年的43.03%上升到2018年的100.9%，学前教育毛入学率从1980年的9.1%上升到2018年的88.09%，大学毛入学率从1980年的1.13%上升到2018年的50.6%（见图2）。1986年《中华人民共和国义务教育法》的制定，以及包括“两免一补”政策在内的系列义务教育政策的实施，有力推动了义务教育的普及。然而，大学教育、学前教育的普及率目前仍相对较低。

2. 中国初中毛入学率远高于中高等收入国家的平均水平

图3是2018年全球109个国家（2018年人均GDP、中学毛入学率数据均不缺失的国家）的人均GDP（美元，当前购买力平价）对数与初中毛入学率的散点图。由图3可知，一般而言，人均GDP越高的国家，其相应的初中毛入学率也相对较高。在这109个国家中，中国人均GDP是18236.61美元（当前购买力平价），排名第48，而中国的初中毛入学率是100.9%，排名第23。中国作为中高等收入国家，其初中毛入学率远高于中高等收入国家初中毛入学率的平均水平（91.51%）。这说明与同等经济发展水平的国家相比，中国的初中教育普及率更高。

① 世界银行数据库，https：//data.worldbank.org.cn/。

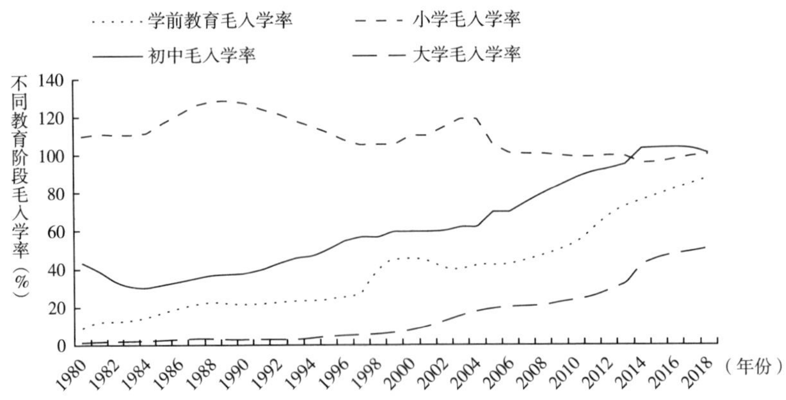

图 2　1980~2018 年不同教育阶段毛入学率的变化趋势

资料来源：世界银行数据库，https：//data. worldbank. org. cn/。

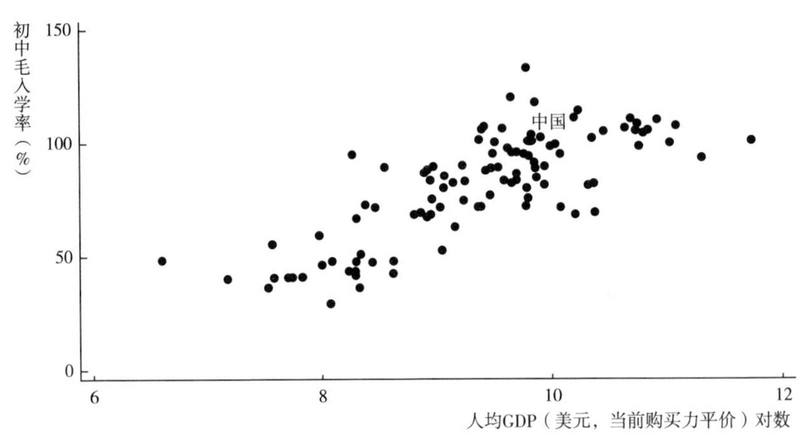

图 3　2018 年全球 109 个国家初中毛入学率与人均 GDP 的比较

资料来源：世界银行数据库，https：//data. worldbank. org. cn/。

3. 中国学前教育毛入学率超过了高收入国家的平均水平

图 4 表明，收入水平越高的国家，其学前教育毛入学率也相应越高。从 1980 年到 2018 年，全球不同经济水平国家的学前教育毛入学率均呈上升趋势。随着时间的推移，中高等收入国家与高收入国家的学前教育毛入学率之

间的差距在逐渐缩小。但低收入国家、中低等收入国家与高收入国家的学前教育毛入学率之间的差距依然很大。值得注意的是，1980年，中国的学前教育毛入学率与高收入国家的差距悬殊，但2006年以来，中国学前教育毛入学率呈快速上升趋势，且在2017年达到了84.79%，反超高收入国家学前教育毛入学率的平均水平（84.36%）。2018年，中国学前教育毛入学率达88.09%，远超高收入国家学前教育毛入学率的平均水平（82.67%）。

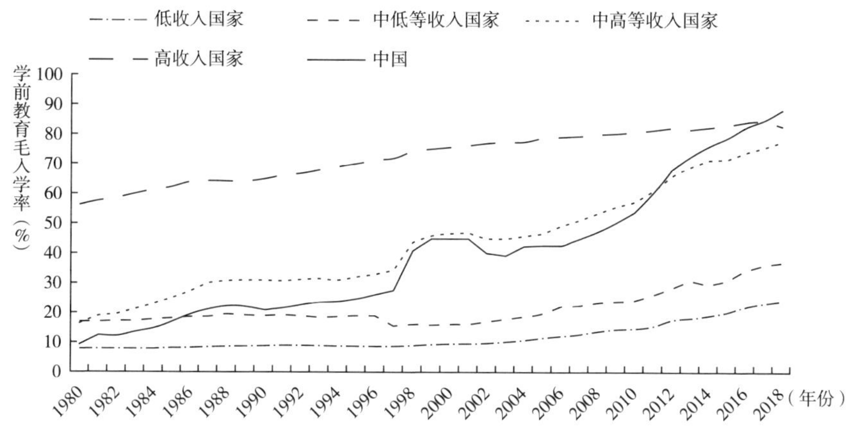

图4　1980~2018年全球学前教育毛入学率的比较

资料来源：世界银行数据库，https：//data. worldbank. org. cn/。

4. 中国大学毛入学率与高收入国家相比依然有一定的差距

1984年以来，全球不同经济水平国家的大学毛入学率均呈上升趋势，但高收入国家、中高等收入国家的大学毛入学率上升的速度更快，低收入国家、中低等收入国家的大学毛入学率与高收入国家的差距呈扩大趋势。2000年以来，中国的大学毛入学率呈快速上升趋势，与高收入国家大学毛入学率之间的差距呈缩小趋势。但截至2018年，中国的大学毛入学率是50.6%，与高收入国家毛入学率的平均水平75.1%相比依然有较大的差距（见图5）。

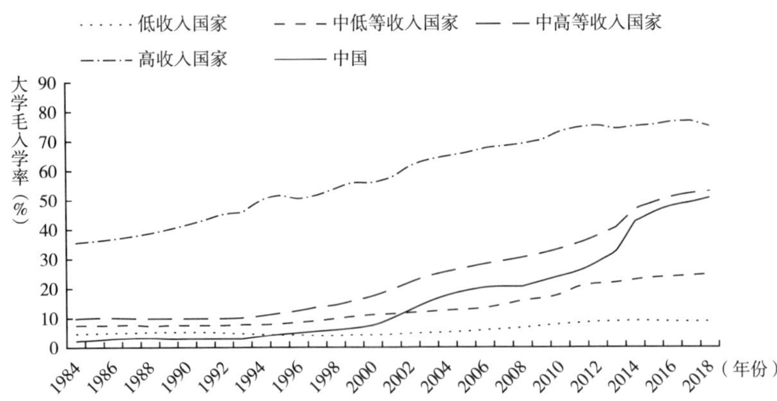

图5　1984~2018年全球大学毛入学率的比较

资料来源：世界银行数据库，https：//data. worldbank. org. cn/。

（二）教育扶贫对我国大规模消除绝对贫困起到核心作用

中国大规模的教育扶贫政策对其消除绝对贫困起到至关重要的作用。从新中国成立初期到改革开放前，先后实行了供给制、人民助学金、学杂费减免等资助政策，为经济困难家庭子女获得教育机会提供了一定的保障。从1949年到1978年，我国学前教育毛入学率从不足0.4%提高到10.6%，小学净入学率从20%提高到94%，初中阶段毛入学率从3.1%提高到66.4%，高中阶段教育毛入学率从1.1%提高到35.1%，高等教育毛入学率从0.26%提高到2.7%。[①] 通过扫除文盲和普及小学教育，中国劳动力基本具备了小学文化程度，这为改革开放初农业生产力的提高和劳动力密集型的加工业发展提供了与之相匹配的劳动力教育水平。1978~1985年，中国贫困人口从2.5亿人下降到1.25亿人，年均减少1700多万人，贫困发生率从30.7%下

① 《新中国70年学生资助成效显著 促进教育公平 助力全面小康》，中华人民共和国教育部网，http：//www. moe. gov. cn/jyb_xwfb/s5147/201909/t20190925_400739. html。

降到了15%①。那时并没有扶贫办，是什么原因带来那个阶段的大规模减贫呢？过去我们的研究把这种大规模减贫的成果主要归功于改革开放带来的制度效应，事实上，教育也起着非常重要的作用。

图6表明，1985~2017年，随着初中毛入学率的快速提升，中国的贫困发生率呈快速下降的趋势。中国自1986年开始实施有计划、有组织、大规模的农村扶贫开发，逐步把扶贫脱贫、巩固脱贫成果和防止新的贫困现象发生有机结合、整体推进。对小学阶段和初中阶段实施免费义务教育、对义务教育阶段贫困家庭的学生进行“两免一补”等系列优惠政策为贫困地区子女获得基础教育提供了政策保障。系列教育扶贫政策减轻了贫困家庭的教育支出压力，有效防止其返贫或致贫。同时，各学段学生均可获得资助，提高了贫困家庭学生升学信心，为完成控辍保学这一脱贫攻坚硬任务奠定了良好基础。当前，在脱贫攻坚中，通过教育脱贫一批，教育更是对阻断贫困代际传递发挥了十分重要的作用。

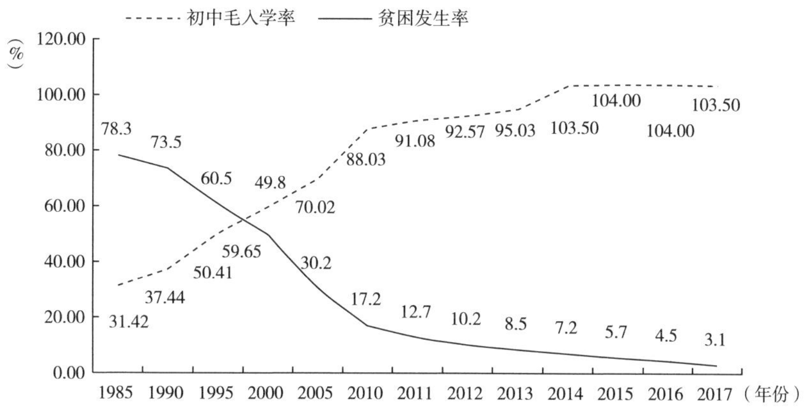

图6　1985~2017年初中毛入学率与贫困发生率的变化趋势

资料来源：初中毛入学率数据来源于世界银行数据库（https://data.worldbank.org.cn/）；贫困发生率是按现行农村贫困标准（2010年2300元，不变价）衡量的贫困发生率，数据来源于国家统计局住户调查办公室《2018中国农村贫困监测报告》，中国统计出版社，2018。

① 李小云、徐进、于乐荣：《中国减贫四十年：基于历史与社会学的尝试性解释》，《社会学研究》2018年第6期。

（三）中国教育扶贫实践经验

1. 教育立法保障了包括贫困人口在内的所有适龄儿童接受义务教育的权利

中国对九年义务教育立法为包括贫困人口在内的所有群体获得基础教育提供了法律保障。1982年，中国颁布的《中华人民共和国宪法》提出“普及初等义务教育”，首次以宪法形式确定在中国普及初等义务教育，成为各地普及初等义务教育的根本遵循。为保证义务教育政策的顺利实施，1986年，九年制义务教育被写入了《中华人民共和国义务教育法》，从而使普及义务教育有了专门的法律保障，中国基础教育走上了法制化的轨道。2006年，新修订的《中华人民共和国义务教育法》以法律形式明确了义务教育的免费原则，并对义务教育经费保障机制改革的主要内容予以确立。从2006年春季学期开始，西部地区农村义务教育阶段学生免收学杂费，2007年春推及全国农村地区，2008年秋推广至全国，至此，义务教育实现“全免费”。①

2. 从政策制定上保障了贫困人口的受教育机会

针对各个教育阶段的贫困人口实施系列资助政策，为贫困人口获得公平的教育机会提供了政策保障。为支持各地实施好学前教育三年行动计划，2010年起，国家启动了系列重大项目，重点支持中西部地区发展农村学前教育。中国对小学阶段和初中阶段实施免费义务教育，同时对义务教育阶段贫困家庭的学生进行“两免一补”，降低了贫困学生在义务教育阶段的流失率，保证了贫困家庭的孩子至少可以接受初中阶段的教育。另外，中国启动实施了农村义务教育学生营养改善计划，对集中连片特殊困难地区的学生和家庭经济困难的寄宿学生给予财政补助，以改善贫困地区农村儿童的营养状况。在普通高中和高等教育中为家庭贫困的学生提供国家助学金资助，确保

① 《夯实千秋基业 聚力学有所教——新中国70年基础教育改革发展历程》，中华人民共和国教育部网，http://www.moe.gov.cn/jyb_xwfb/s5147/201909/t20190926_401046.html。

贫困家庭的孩子有平等地享受高中教育和高等教育的机会。

3. 政府在教育供给和教育均等化过程中的主导作用

教育属于典型的公共产品，对贫困人口教育的投资更是私人部门不愿意介入的领域。因此，政府必须在此过程中起主导作用，其主要表现就是公共财政在教育领域的总支出以及针对贫困人口的支出。中国国家财政性教育经费从2000年的2562.61亿元上升到2018年的36995.77亿元，呈快速上升趋势。2018年，国家财政性教育经费占GDP的比例为4.11%，连续第7年保持在4%以上（见图7）。在已有基础上，国家还加大了教育领域的扶贫力度，如对贫困农村义务教育薄弱学校进行改造，帮助贫困地区的学校改善校舍和丰富图书资源。同时，兼顾因地制宜原则，在财政实力雄厚的地区，地方政府负担的支出比例较高，而在贫困地区中央政府负担的比例更高。

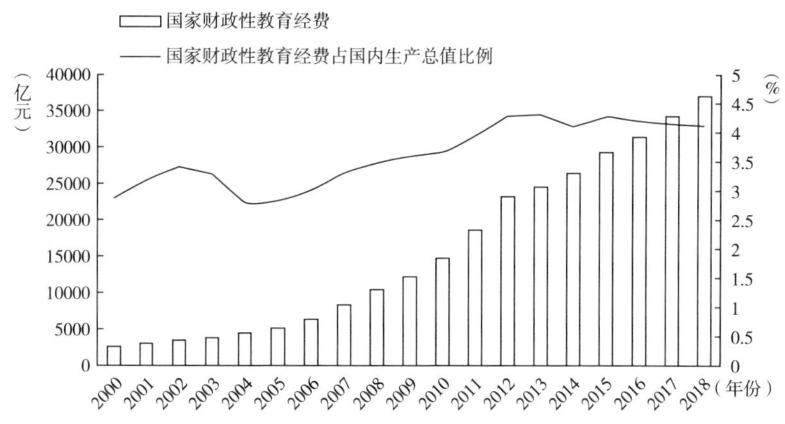

图7　2000~2018年中国教育财政支出变化趋势

资料来源：根据国家统计局统计数据整理，http://data.stats.gov.cn/easyquery.htm? cn=C01&zb=A0201&sj=2019。

五　缓解相对贫困的教育扶贫政策展望

基于可行能力理论、人力资本理论、生命周期理论等教育扶贫理论，中国教育扶贫政策的梳理及特征，中国教育扶贫的现实考量，特别是生命周期视角下的儿童人力资本的“三角形”特征①，本文在这一部分提出2020年后中国缓解相对贫困的教育扶贫政策展望。

第一，义务教育需要从数量上的普及向高质量、均衡方向转变。义务教育是提高全民素质的根本手段，是促进中国从人口大国迈向人口强国的基础措施。因此，“提质均衡”是2020年后一段时间内，我国义务教育的首要目标。发展高质量教育、均衡教育在《中国农村扶贫开发纲要（2011—2020年）》期间的系列政策中开始凸显。高质量发展教育体现在不同教育阶段相关政策的制定中。无论是义务教育政策，还是学前教育、职业教育、高等教育、民族教育、特殊教育等方面的教育政策，核心都应强调教育质量的提升。发展均衡教育主要体现在两个方面：一是就不同地区的受教育群体而言，相关政策应向贫困地区、西部地区、特困地区贫困人口倾斜；二是就教育阶段而言，在发展义务教育的同时，均衡发展学期教育、职业教育、高等教育和特殊教育。2020年后，贫困农村地区义务教育的高质量发展、均衡发展依然是教育扶贫的重心。

第二，2021~2035年我国将遭遇人力资本相对不足的问题，要延长义务教育，拓展高中、大学教育。我国2035年将进入创新型国家前列，也将迈入高收入国家行列。为了实现这些阶段性发展目标，必须有与之相匹配的人力资本。高等教育通过显著提高贫困人口的人力资本水平实现扶贫脱贫的目标，相较于其他扶贫方式具有突出的比较优势②。但是，截至2018年，中国的大学毛入学率是50.6%，与高收入国家毛入学率的平均水平75.1%相比依然有较大的差距。依靠义务教育普及来快速提高劳动力人口受教育的平均水平的潜力已经饱和，这是因为我们已经普及了义务教育。因此，要通过各种途径拓展高中、大学教育。这方面，可采用的政策工具是实施十二年义务教育，或者十二年免费教育。

① Fajth, G. (2018). “How We Can Drive DoDO to Extinction: Addressing Developmental Opportunity Deprivation (DOD)”, EAPR Social Policy Networking Meeting.

② 孙涛：《高等教育扶贫：比较优势、政策支持与扩展路径》，《南京社会科学》2020年第2期。

第三，应对新技术变革带来的工作性质的变革，要从全生命周期开展教育扶贫工作。我们现在已经进入信息经济、知识经济时代，2035年之前，随着人工智能的发展，大规模可重复、可编码的工作将被机器取代，新的就业岗位对劳动力的高级认知技能和社会情感技能要求更高。从全生命周期来看，儿童人力资本的形成具有“三角形”特征：0~3岁主要形成身体（身高、体重等）运动技能，4~6岁主要形成认知技能（智商），青春期则主要形成社会情感技能（情商）。教育要在全生命周期发挥作用。当前的脱贫攻坚主要关注了九年义务教育，2020年之后，对儿童的教育扶贫需要关注0~3岁，以及青春期教育。社会情感技能的形成不是数理化教育能完成的，需要音乐、美术、体育、社会参与等一系列相关教育。这就对2020年后缓解相对贫困阶段的教育扶贫工作提出了更高的要求。我们也需要对整个教育工作进行反思和提升，特别是要适应未来进入创新型国家前列的教育需求。

参考文献

[1] 陈志钢、毕洁颖、吴国宝、何晓军、王子妹一：《中国扶贫现状与演进以及2020年后的扶贫愿景和战略重点》，《中国农村经济》2019年第1期。

[2] 李小云、徐进、于乐荣：《中国减贫四十年：基于历史与社会学的尝试性解释》，《社会学研究》2018年第6期。

[3] 孙久文、夏添：《中国扶贫战略与2020年后相对贫困线划定——基于理论、政策和数据的分析》，《中国农村经济》2019年第10期。

[4] 孙涛：《高等教育扶贫：比较优势、政策支持与扩展路径》，《南京社会科学》2020年第2期。

[5] 王浩名、岳希明：《贫困家庭子女受教育程度决定因素研究进展》，《经济学动态》2019年第11期。

[6] 王小林、冯贺霞：《2020年后中国多维相对贫困标准：国际经验与政策取向》，《中国农村经济》2020年第3期。

[7] 王文静、李兴洲主编《中国教育扶贫报告（2017）》，社会科学文献出版社，2017。

[8]〔印度〕阿玛蒂亚·森、让·德雷兹：《印度：经济发展与社会机会》，黄飞君

译，社会科学文献出版社，2006。

[9] Bara, D., Bhengra, R., & Minz, B. (1991). "Tribal Female Literacy: Factors in Differentiation among Munda Religious Communities", *Social Action*, 41.

[10] Fajth, G. (2018). "How We Can Drive DoDO to Extinction: Addressing Developmental Opportunity Deprivation (DOD)", EAPR Social Policy Networking Meeting.

[11] Flabbi, L., & Gatti, R. V. (2018). "A Primer on Human Capital", *Policy Research Working Paper* 8309, World Bank, Washington, D. C..

[12] Gertler,P., Heckman J., Pinto, R., Zanolini, A., Vermeersch, C., Walker, S., Chang, et al. (2014). "Labor Market Returns to an Early Childhood Stimulation Intervention in Jamaica", *Science* 344 (6187): 998-1001.

[13] Heckman, J., Moon, S. H., Pinto, R., & Savelyev, P. A., & Yavitz, A. (2010). "The Rate of Return to the High Scope Perry Preschool Pro-gram", *Journal of Public Economics* 94 (1-2): 114-28.

[14] Hsieh, Chang-Tai, & Peter J. Klenow. (2010). "Development Accounting", *American Economic Journal: Macroeconomics* 2 (1): 207-23.

[15] Sen, A. (1976) ."Poverty: An Order Approach to Measurement", *Econometrica*, 44 (2): 219-231.

[16] Schultz, T. W. (1960). "Capital Formation by Education", *Journal of Political Economy*, 1960, 6, pp. 571-583.

[17] UNICEF (2016). "Cognitive Capital: Investing in Children to Generate Sustainable Growth", UNICEF East Asia and the Pacific.

[18] World Bank (2019). "World Development report 2019: The Changing Nature of Work", Washington, D. C.: World Bank.

[19] Xue Eryong & Zhou Xiuping (2018). "Education and anti-poverty: Policy theory and strategy of poverty alleviation through education in China", *Educational Philosophy and Theory*, 50: 12, 1101-1112, DOI: 10.1080/00131857.2018.1438889.

贫困大学生求学困境与精准育人机制优化研究

冯　宇　罗永祥　李　帆　田　伟*

【摘　　要】在国家推进决战脱贫攻坚的背景下，贵州作为全国贫困程度深、贫困面广，经济社会发展相对滞后的省份，其省属师范院校贵州师范大学中贵州籍贫困大学生占在校本科生的接近半数，具有较强的代表性，故抽取其中1321名贫困受助学生作为研究对象，结合问卷与访谈对其学业、生活、心理等方面开展综合调研。旨在通过精准把握贫困大学生求学主要困境，同步探索贫困大学生精准育人新机制，以促进其专业素养、健全人格、意志品质等的全面发展，阻断贫困代际传递，推动社会经济发展和谐稳定。

【关 键 词】贫困大学生　精准育人　求学困境

十八大以来，习近平总书记在湖南湘西十八洞村考察时，首次提出“精准扶贫”理念，强调“实事求是，因地制宜，分类指导，精准扶贫”，指出智志双扶是脱贫攻坚的治本良方和阻断贫困代际传递的治本之策。为贯彻落实党的路线、方针、政策与决策部署，本研究从贫困大学生的学业、生

* 冯宇，贵州师范大学教学质量监测与评估中心副主任；罗永祥，贵州师范大学副校长；李帆，贵州师范大学学生资助中心助学贷款管理科科长；田伟，贵州师范大学学生工作部副部长。

活、心理等方面入手，基于实证主义教育理论、高级统计方法和文本挖掘工具，结合学校业务系统、心理问卷调查及现场访谈，汇总贫困大学生的学业表现和生活消费数据，探讨了精准育人机制的优化问题。旨在通过分析贫困大学生在校求学期间的真实情况，服务于高等教育教学实践，发挥高等教育育人优势，帮助学生破除“贫困”的桎梏，培养合格的社会主义建设者和接班人。

一 研究设计

（一）文献基础

人类社会中教育的产生远远早于贫困问题的出现。马克思辩证唯物主义的教育劳动起源学说认为教育起源于人类社会生产劳动和社会生活的客观需要①。社会成员唯有接受符合时代发展需要的教育，方可较好地推动社会健康发展。这是人类天赋的权利，也是其自我发展的正确价值取向和自我实现的必然选择。教育最初是不受贫困问题困扰的，然而随着社会发展与进步，生产力不断提高，因人类劳动而产生的财富日趋丰富，使生产资料为社会个体私人占有成为可能，进而滋生了贫困问题并使教育受其影响。因此，经济因素就一直作为社会成员个体成长与发展的重要约束条件，对不同发展阶段社会形态的教育事业造成深刻影响。经济上的客观差距，容易造成受教育者受教育机会不均等、未来发展不平衡、社会阶层固化等诸多问题，也会对其家庭环境、生活条件、人际交往、心理健康等产生重要的影响。

按照美国著名教育家约翰·杜威（John Dewey）在《民主主义与教育》一书中“教育即生活、教育即成长、教育即经验的不断改造”的实用主义教育理论②，贫困大学生的教育并不是单纯的经济问题。安东尼·亚伯拉

① 侯怀银、张阳：《改革开放以来马克思主义哲学指导中国教育研究的回顾与反思》，《教师教育学报》2014年第3期，第1~14页。

② 〔美〕杜威：《民主主义与教育》，人民教育出版社，1990。

罕·杰克（Anthony Abraham Jack）在其《特权穷人：精英大学如何让弱势学生失望》中指出美国的精英大学不会招收太多贫困生，也不给他们提供专门的学术支持，认为“光给予他们经济援助不足以建立一个包容的校园，而正是大学官员忽视贫困学生及其困难，才使这些学生更难成功”①。因此，优化贫困大学生的育人机制时须更多地纳入学生培养与成长过程中的相关影响因素加以分析。

贫困学生在中国又称经济困难学生，具体指学生本人及其家庭所能筹集到的资金难以支付其在校学习期间的学习和生活基本费用的学生②。中国伟大教育家孔子主张教育对象不应因其地域、等级、贫富上的差距而区别对待，提倡“有教无类”的大教育观③，在其影响下，整个中国教育史中，贫困学子的教育问题一贯受到社会上层的重视。时至今日，中国各高校已普遍设有专门从事学生帮扶工作的职能部门，但也存在贫困大学生精准识别困难、学生现实情况复杂难以把握、资助育人和综合素质培养衔接不够紧密、贫困大学生育人体系不够健全等问题。Xiaobing Wang 等认为中国贫困高中生在考试成绩足够高时能够上大学，但是通过对中国内地 4 所院校中 200 名深度贫困学生进行对照分析，发现以单纯经济援助形式来减轻贫困大学生的负担，效果并不显著④。同时，在贫困学生帮扶一线工作的杜志欣等人也认为贫困生的精准识别和帮扶机制不健全已经成为资助育人工作中突出的现实问题⑤。

---

① Anthony Abraham Jack, *The Privileged Poor: How Elite Colleges Are Failing Disadvantaged Students*, Harvard University Press, 2019, p. 288.

② 《教育部 财政部〈关于认真做好高等学校家庭经济困难学生认定工作的指导意见〉》（教财〔2007〕8 号），http://www.moe.gov.cn/srcsite/A05/s7052/200706/t20070626_181382.html。

③ 张传燧、袁浪华：《孔子“有教无类”思想的内涵及其现实基础与理论依据》，《河北师范大学学报》（教育科学版）2018 年第 3 期，第 42~47 页。

④ Xiaobing Wang, Chengfang Liu, Linxiu Zhang, Ai Yue, Yaojiang Shi, James Chu, Scott Rozelle. Does financial aid help poor students succeed in college? *China Economic Review*, 2013 (25).

⑤ 杜志欣、付靖嵋、李悦宁：《高校贫困生资助工作的困境及策略——以肇庆学院为例》，《高教探索》2019 年第 2 期，第 116~121 页。

（二）研究内容与实证方法

本研究联合贵州师范大学多个职能部门，采集了其主要业务系统数据，并结合自编心理量表、开放性的学生问卷和访谈，对变量进行统计描述和推断，来研究贫困大学生的学业表现、生活状态、政治倾向、专业背景、交往情况、心理动机、综合素质、心理调适能力、满意度等，并将其作为了解贫困学生自我认知、情感状况和行为倾向的重要依据。旨在基于大量的一手数据，准确把握当前贫困大学生现实存在的求学困境，优化精准育人机制。

1. 数据背景与来源

在2020年中国即将全面建成小康社会、农村贫困人口即将全部脱贫的背景下，贵州作为脱贫攻坚的主战场，既是全国贫困人口多、贫困面积大、贫困程度深的省份，也是国家推进脱贫攻坚的重点区域。贵州师范大学是贵州省属师范院校，现有全日制本科生近25000人，家庭经济困难学生近13000人，贫困大学生超过了学生总人数的一半，其中90%以上为贵州籍学生。因此从地域上、数量上、比例上可以认为贵州师范大学贫困大学生群体具有较强的代表性，贵州师范大学的贫困大学生帮扶工作是当前贵州高等教育贫困大学生帮扶工作的缩影，能够为开展相应的普遍性研究、探索其内在规律提供支撑。故本研究按10%的比例随机从60个本科专业中抽取了1321名贫困受助学生作为研究对象。数据由教务学籍与成绩、学生资助名册、学生食堂寝室消费、问卷与访谈组成，调查采用实名制进行。另汇集开放性问卷回复4741条，访谈了156名学生代表。

2. 数据类型与分析方法

本研究将采集到的业务数据和心理量表汇总成单一数据集，通过检验变量的信效度等来判断心理量表的适用性；计算各变量的方差累计贡献率，来研判问卷内部结构与调研目标一致性问题；再基于变量的统计描述，观察学生在各观测点中存在的典型特征；最后依据问卷的开放性问题的反馈信息和访谈结果进行文本挖掘，运用切词引擎提取词频，对部分学生的访谈记录进行量化分析，以作为业务数据和心理量表的补充。旨在通过多种数据分析方法，尽可能地挖掘贫困大学生的主要特征，较全面地考察其各方面情况，有针对性地弥补现行精准育人机制中的不足。

（三）变量内涵与量表结构

本研究共设置 33 个变量，数据来源于贵州师范大学业务管理系统和 1321 名贫困受助学生的调查问卷，其他定性问题以访谈的形式进行，不作为变量加以考查。为实现贫困生精准识别与跟踪，姓名、专业、性别全程体现在问卷和访谈记录中，以利于后期的个别帮扶与指导；学业表现以平均学分绩点计算（为贫困受助学生在校就读期间所修全部课程绩点总和的算术平均值，以其考查变量的集中趋势），是衡量学生学业表现的参照标准；生活状态由食堂及寝室两个方面的消费数据组成，共 4 个变量，其中食堂消费次数、食堂餐均消费值为学生在校期间食堂的就餐情况，重点考查学生对食堂的依附关系及消费水平等。其余变量采用李克特心理量表，题项评价强度分 5 级设定，除去个体情况，其维度分为满意度、社会交往、人格发展、能力素质、心理调适（见表 1）。

表 1　贵州师范大学精准扶贫学生调查变量

<table>
<tr><th>序号</th><th>变量名（观测点）</th><th>数据来源</th><th>维度</th></tr>
<tr><td>1</td><td>姓名</td><td rowspan="8">业务系统数据</td><td rowspan="3">基本信息</td></tr>
<tr><td>2</td><td>专业</td></tr>
<tr><td>3</td><td>性别</td></tr>
<tr><td>4</td><td>平均学分绩点</td><td>学业表现</td></tr>
<tr><td>5</td><td>食堂消费次数</td><td rowspan="4">生活状态</td></tr>
<tr><td>6</td><td>食堂餐均消费值</td></tr>
<tr><td>7</td><td>寝室开水消费次数</td></tr>
<tr><td>8</td><td>寝室开水消费值</td></tr>
</table>

续表

序号	变量名（观测点）	数据来源	维度
9	提交入党申请书	问卷调查	个体情况
10	是否师范类专业		
11	学科类别		
12	成绩水平自评		
13	消费水平自评		
14	自身满意度		满意度
15	教师满意度		
16	辅导员满意度		
17	专业满意度		
18	交往主动性		社会交往
19	交往意愿		
20	交往能力		
21	交往效果		
22	高成就人格动机		人格发展
23	服务家庭意愿		
24	目标职业愿望		
25	回馈社会愿望		
26	自我完善能力		能力素质
27	改变家庭能力		
28	职业达成能力		
29	回馈社会能力		
30	日常生活满足		心理调适
31	经济支出规划		
32	消费心态		
33	经济状况自评		

本研究对问卷25个题项的汇总数据进行可靠性检验和Bartlett球型检验，其克隆巴赫值为0.839且KMO值达到0.845，问卷信效度情况良好。球型检验具有显著性，且各题项在控制变量变化的情况下单变量的信度均达

到了0.8以上，在特征根≥1时，根据指标聚合情况和成分矩阵，各题项数据因子载荷与问卷维度对应情况良好，问卷结构符合设计预期，心理量表5个因子的方差累计贡献度达到了56.494%。（见表2）

表2　各因子解释的总方差

成分	初始特征值			提取平方和载入		
	合计	方差（%）	累积（%）	合计	方差（%）	累积（%）
1	5.103	25.514	25.514	5.103	25.514	25.514
2	1.953	9.766	35.280	1.953	9.766	35.280
3	1.618	8.091	43.371	1.618	8.091	43.371
4	1.380	6.902	50.273	1.380	6.902	50.273
5	1.244	6.222	56.494	1.244	6.222	56.494
…						

提取方法：主成分分析。

其中，满意度维度在调查中蕴含了最多的信息量，占比达到了25.514%，其他因子在数量上区别不大，分别为9.766%、8.091%、6.902%、6.222%。

二　实证分析

国家推进精准扶贫战略以来，贵州师范大学贫困学生已有30021人次获得教育精准扶贫资助，累计发放资助金13983.09万元。学生的基本生活得到了保障，但从学业、生活、思想层面来看，仍存在一些较为典型的问题。根据既定研究内容，以分析学习困境为主要目标，利用多元统计方法和文本挖掘技术对其学业生活现状、相关影响因素、内心诉求等进行研判，现择其要点说明如下。

（一）学业生活现状及其典型统计特征

1. 消费与学业间存在负相关性，是学生摆脱经济困境的一种积极现象

虽然经济援助能够较大程度改善学生的生活质量，但是学生总体刚性生

活支出基数仍然较低，总体餐均消费值大致在4元左右，处于维持基本温饱的水平（见图1）。从拟合得出的参考曲线得知，女生的消费显著低于男生，其成绩表现亦较男生为优且较为稳定；学生分布趋势处于下行状态，学业表现和消费状态 Pearson 相关系数为-0.378，存在弱负相关性。

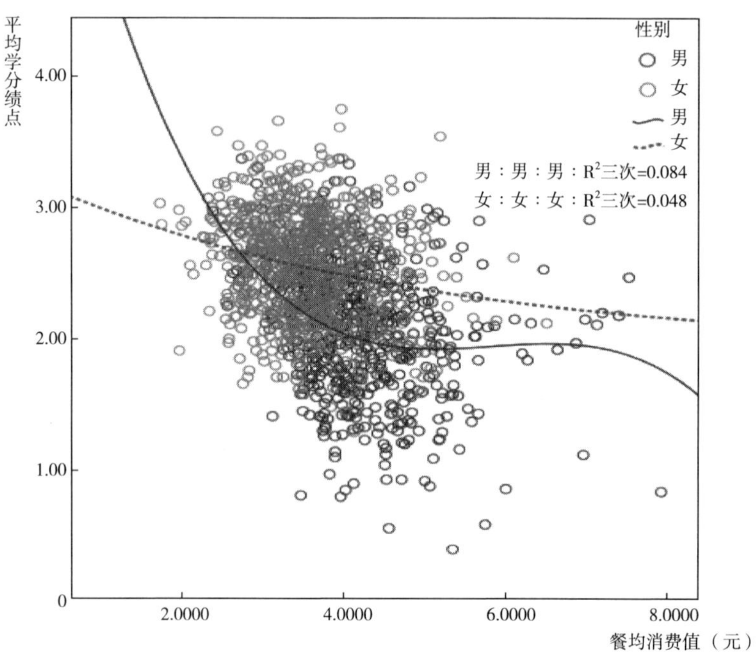

图1　基于性别的学生学业及消费散点图

因此，单纯的经济援助对提高学生的学业表现帮助有限，故以经济是否困难作为学生的分类指导依据，有可能掉入唯经济因素的陷阱。事实上，对学生经济资助的意义在于保障其基本生活，不使其因贫失学，其作用在于保障基本需求。从统计上看，相当数量的贫困大学生经济困难程度虽然较深，但拮据的生活并未降低其学业成就，因此，这种负相关性正是学生摆脱经济困境的一种积极现象。学生心理、行为、情感的复杂性，往往会促使其突破一般意义上的马斯洛需求层次理论，应注意不同学生群体间的内在差别，制定科学有效的分类原则，精准施策。

2. 思想指导与学业表现存在正相关性，印证了志智双扶是破解贫困大学生求学困境的重要手段

师范院校的贫困大学生是未来基础教育的主力军，将承担教书育人的社会重任，其政治觉悟和思想状况是非常重要的。为了解其思想状况与学业消费的关系，统计得知共有 906 人递交了入党申请书，占抽样学生数的 68.6%。

如表 3 所示，提交入党申请书的学生平均学分绩点较其他贫困生高出了 8.1%，而餐均消费值低了近 5.8%。通过访谈，亦发现申请入党的学生表现出较强的学习欲望和自我约束能力。由此可知，思想政治建设在贫困大学生个人发展中能够发挥较强的正面引导作用，可帮助学生健全人生观、世界观、价值观，使其正确看待贫困和发展的问题，从而进一步提高思想认识，强化正面情感，发挥其主观能动性，促进正面行为，有助于其提升学习效果。

表 3　申请入党学生消费及学业统计

		餐均消费值（元）	平均学分绩点
是否提交入党申请书	是	3.7664	2.40
	否	3.9980	2.22

（二）贫困学生求学困境分析与原因分析

贫困大学生的求学困境主要来源于两个层面。一是外部客观环境影响。经济上的局限性，使贫困学生在享受社会服务、获取学习资源、开展人际交往等方面弱于普通学生，容易出现心态失衡、行为失调的情况。二是内部心理压力的积累。出于自身的成长与发展需要，他们具有高成就动机人格，普遍希望通过在大学阶段的学习与社交活动，获得与其理想相适应的能力，以达成改变家庭及个人生活状况的目的。如果这一既定目标难以达成，就会产生心理压力，若超出他们所能承受的范围，就可能带来一系列不良影响，使其深陷求学困境。

1. 人生发展目标的困惑使学生陷入自我质疑的认知困境

根据满意度维度各观测点统计描述特征，贫困大学生对自身的不满显著高于对教师、辅导员和专业的不满，自我评价趋于负面。说明影响其满意度表现的关键在于学生心理内因。由此，本研究通过调取问卷满意度开放性问题的1140条回复，利用武汉大学ROST虚拟团队研制的ROST Content Mining工具对文本进行了量化处理，提取关键词，词频前19位的关键词如图2所示。

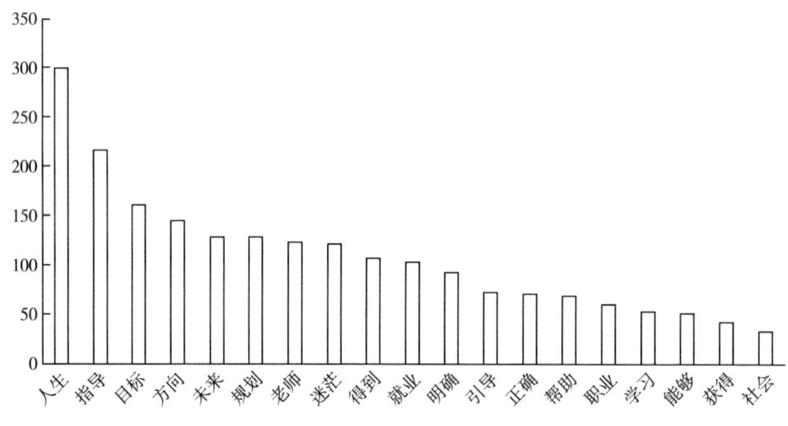

图2　基于问卷开放性问题的词频前19位关键词

关键词体现了影响贫困大学生满意度相关反馈意见的主要内容，而其词频高低则代表了学生对其的关注程度。人生、指导、目标、方向等关键词的频繁出现，说明学生对自身的失望与不满源于其对人生价值的迷茫与困惑。身处的困境与目标理想的差距，使学生难以自主调适个人与环境的关系，易将问题归咎于自身，陷入各种负面情绪交织、频繁自我质疑的困境。

2. 心理与行为上的矛盾使学生在交往中易陷入自我封闭的情感困境

根据学生反馈的开放性问题评价结果，其所谈及的社会交往问题是最多的，达到了1168条。从交往主动性、交往意愿、交往能力和交往效果的统计对比密度图中可以看出，学生间交往主动性和交往能力存在较大差异，与学生普遍较强的交往意愿相矛盾（见图3）。

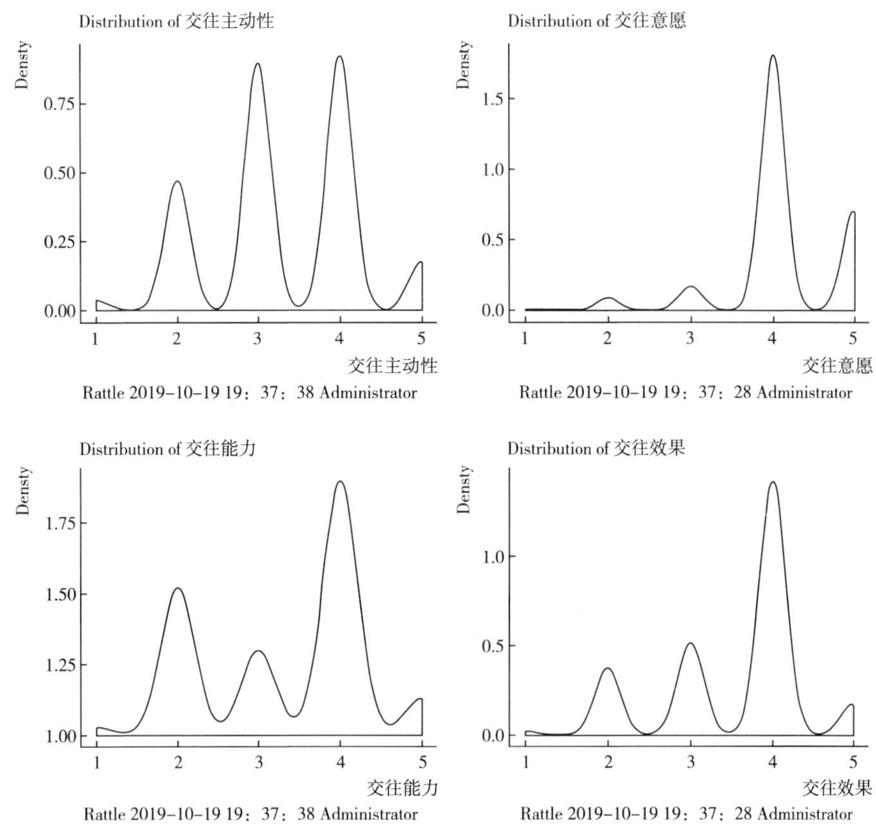

图 3　社会交往维度观测点统计对比密度

虽然多数贫困大学生没有社交障碍，能够取得较好的社会交往效果。但是仍有部分学生一方面希望融入周围环境，获取自信并收获友谊，另一方面却往往选择回避，将贫困生身份视作负担，把自己禁锢在封闭的心理安全区内。

3. 财务现状与经济规划能力的差距，易使学生陷入财务困境

作为贫困学生，经济上的因素对其的影响是重要的，故我们通过汇总学生对消费相关问题的反馈信息，了解其情感上的差异与分布。本研究调用ROST情感分析模块对文本进行处理，提取文本关键词，并按词性的情感倾向进行分类汇总，计算得出单个评语的情感强度值。其中，值为正数代表正面情感，0代表中性情感，负数代表负面情感，此为情感的极性。最终可将情感强度计算结果按积极、中性和消极三个层面进行分类。

通过计算所收回的贫困学生的945条消费相关反馈意见的情感强度，并判定情感极性，可知学生对消费问题的积极情感、中性情感、消极情感数据分布呈现较强的正偏态分布。其中情感分段统计结果如表4所示。

表4 贫困学生消费情况情感分类统计

	一般	中度	高度
积极情感	30.48%	6.14%	0.74%
中性情感	55.03%		
消极情感	6.56%	0.85%	0.00%

由数据分析结果可知，教育精准扶贫受助学生目前通过国家的资助已经能够基本满足日常生活与学习所需，学生总体较满意，但仍不宽裕，有7.41%的学生对消费问题存有消极情感。依据贫困生访谈情况，可知这部分学生虽对消费有一定的控制能力，但是仍然存在对于消费标准和消费目的不明确的情况，消费观念并不成熟。当经济允许时，容易受到诱导，对社会上出现的拜金主义、享乐主义、奢侈浪费等不良消费风气缺少免疫力，会购买一些不需要或者是实用性低的商品①，没有提前规划消费的习惯，以致陷入财务困境。

三 问题与讨论

精准育人作为一种教育活动，在其实施过程中，高校内部各教学组织单位与个人因处于教学组织上的主体地位，对贫困大学生摆脱求学困境往往负

① 谢枭鹏、张强国：《大学生消费心理和消费行为探讨》，《商场现代化》2005年第25期，第249~250页。

有更大的责任。综合实证和相关研究结果，精准育人存在三类典型问题：一是教育精准扶贫学生职业生涯规划和综合素质培养力度不够；二是教育精准扶贫学生心理疏导与人文关怀存在不足；三是教育精准扶贫学生的消费观不成熟，对其的生活指导较为欠缺。

因此，需要关注育人质量，重视贫困学生的扶贫、扶志、扶智工作，兼顾高等教育实施对象中一般与特殊的关系，加强组织领导，发挥普通高校等涉学部门的特定优势，有效整合资源，达成人才培养目标。在政策顶层设计上，优化精准育人机制应充分考虑贫困学生存在的现实问题，而不是简单地按照经济分类原则，机械僵化地将学生群体人为割裂开来，这不利于贫困学生融入大学生活，接受正常的高等教育。

同时，精准育人体系建构应具备一定的深度和宽度，能够帮助高校发现更多的问题并加以解决。以贫困学生中暴露出的问题为标靶，深化教育教学改革，健全管理体制机制，提升人才培养的整体效果。其基本逻辑是建立目标导向、尊重学生的个体差异、基于实际情况把脉问诊运行的管理机制，将有限的资源更好地服务于学生，特别是贫困学生群体。

四　对策与建议

对贫困大学生的帮扶并不意味着要采取特事特办式的体外循环管理模式，去搞另一套。从育人的目标来看，贫困大学生和普通大学生没有太大的区别，只不过因为经济因素，他们更容易受到负面影响。管理者需要做的是保障贫困大学生的基本学习生活条件，针对问题对育人机制进行调适，来达到既定人才培养目标。

（一）提倡多元共治，“三育”有机结合，健全体制机制，明确责任分工，成立指导学生发展的议事协调机构

由于学生求学的困境并非来源于单一的经济因素，要提升学生综合能力素质，须重视教育在激发学生内在潜能、促进其全面发展中的积极作用，提

倡多元共治。将资助育人、专业教育、思想政治教育与扶贫、扶智、扶志有机结合，在保障其基本生活需要的基础上，引导学生设定切合国家需要和个人志趣的发展目标，最终成为国家社会所需要的合格建设者和接班人。因此精准育人机制的优化，应坚持国家“三全育人”理念，以问题为导向，精准施策，促进内部沟通与协调，强化联动配合，形成发展目标清晰、工作责任明确、部门协同有力、学生培养效果良好的贫困受助学生精准育人机制。普通高校原有的贫困生帮扶体制与机制应主动与之配套，有效整合分散至各个职能部处的行政资源，成立专门的议事协调机构，形成整体优势，为精准育人搭建桥梁。

（二）强化职业规划，促进心理健康，规范学习、生活、思想指导，鼓励学生结对互助，完善精准育人的相关管理制度

对于贫困大学生而言，自我封闭与自我质疑的困境源于其认知不足与情感困惑。在内因难以发挥积极作用时，外因的干预就显得尤为重要。因此有必要进一步健全完善相关制度，明确责任主体、工作方法和实施程序。可就其关心的就业、学习、生活等开展帮扶，将职业生涯指导类课程纳入人才培养方案，定期召开职业规划讲座；教学管理与监测部门定期发布学生学业预警和学情调查结果，各教研组同步开展学生学习的跟踪与指导；设置专门的心理健康咨询中心，为学生提供必要的心理干预和服务；强化思想政治的引领，帮助学生树立远大理想，形成完整健全人格；在对辅导员进行培训的基础上，将生活指导内容列入其绩效考核内容，帮助学生树立正确的消费观、生活观，传授必要的生活经验；鼓励学生结对互助，共同促进与提高，破除其社交障碍，取长补短，激发学生信心和热情，提升其满意度和幸福感。

（三）加强贫困生精准识别、问题精准分类、帮扶精准到人，强化精准育人工作的问效与追责、奖励与约束、纠偏与发展

为贯彻落实党的扶贫政策，在操作层面应力求做到贫困生精准识别、问题精准分类、帮扶精准到人。通过面向学生的访谈得知，少数学生不愿承认

自己是贫困受助学生，耻于言贫，认为有被人格矮化的嫌疑。因此，这类学生就可能选择不去申请经济援助，失去了得到救助的机会。另外，因个体差异，学生面临的求学困境亦有所不同，应按照国家分类指导要求，对工作进行细化，促使帮扶工作精准到人，取得实效。因此，建构完善的精准育人体系来确保精准育人目标达成是当务之急，应将工作的各要素有效整合、强化工作问效与追责、奖励与约束、纠偏与发展，确保精准育人体系的平稳有效运行，为贫困学生专业素养、健全人格、意志品质等全面发展提供支持，阻断贫困代际传递，推动社会经济发展和谐稳定。

参考文献

[1] 侯怀银、张阳：《改革开放以来马克思主义哲学指导中国教育研究的回顾与反思》，《教师教育学报》2014 年第 3 期。

[2]〔美〕杜威：《民主主义与教育》，人民教育出版社，1990。

[3] Anthony Abraham Jack, *The Forgotten Man at Elite Colleges The Privileged Poor: How Elite Colleges Are Failing Disadvantaged Students*, Harvard University Press, 2019.

[4]《教育部 财政部〈关于认真做好高等学校家庭经济困难学生认定工作的指导意见〉》（教财〔2007〕8 号），http://www.moe.gov.cn/srcsite/A05/s7052/200706/t20070626_181382.html。

[5] 张传燧、袁浪华：《孔子“有教无类”思想的内涵及其现实基础与理论依据》，《河北师范大学学报》（教育科学版）2018 年第 3 期。

[6] Xiaobing Wang, Chengfang Liu, Linxiu Zhang, Ai Yue, Yaojiang Shi, James Chu, Scott Rozelle. Does financial aid help poor students succeed in college? *China Economic Review*, 2013 (25).

[7] 杜志欣、付靖嵋、李悦宁：《高校贫困生资助工作的困境及策略——以肇庆学院为例》，《高教探索》2019 年第 2 期。

[8] 谢枭鹏、张强国：《大学生消费心理和消费行为探讨》，《商场现代化》2005 年第 25 期。

贫困地区乡村小规模学校的发展现状与思考*

贺祖斌　欧阳修俊　谢银燕**

【摘　　要】办好贫困地区乡村小规模学校是实现教育高质量发展的重中之重，也是缩小城乡教育差距、维护教育公平的关键节点，是促成乡村振兴的基础工程。办好贫困地区乡村小规模学校的前提在于，充分洞察贫困地区乡村小规模学校的“症结”，明确“城市化”浪潮牵引下的乡村小规模学校生存危机，认清优秀青年乡村教师“难招”与“难留”的现实，注重乡镇区域内的微观教育不公平现象，关注“离农化”乡村学校课程和教学的魅力与不足。据此树立乡土发展本位、乡村互联本位、乡土文化本位和乡村儿童发展本位的多元价值取向，进而分析贫困地区小规模学校发展走向，才能思考贫困地区乡村小规模学校未来发展的有效策略。

【关 键 词】贫困地区　乡村小规模学校　乡村教育　教育公平

---

* 本文系教育部人文社会科学研究项目 2019 年度青年基金项目“新时代民族地区乡村小规模学校的发展型态及其优化策略研究”（项目编号：20YJC880072）的阶段性成果。

** 贺祖斌，广西师范大学校长，教育学博士，教授，博士生导师，主要从事高等教育、乡村教育研究；欧阳修俊，广西师范大学教育学部副教授，教育学博士，硕士生导师，主要从事课程与教学论、乡村教育研究；谢银燕，广西师范大学教育学部民族教育专业硕士研究生。

切实解决乡村小规模学校发展“短板”，是促成教育公平和教育高质量发展的关键。国务院办公厅颁布的《关于全面加强乡村小规模学校和乡镇寄宿制学校建设的指导意见》进一步明确办好优质乡村小规模学校的重要性。办好乡村小规模学校也是实现乡村振兴，让乡村人过上“幸福生活”的基础工程，是“办人民满意的教育”的“核心”所在。随着城市化进程的推进、乡村人口转移、乡村经济转型发展等宏观背景的转变，乡村学校不断“萎缩”，乡村小规模学校成为乡村教育的重要类型。特别是在贫困地区，地理环境恶劣，经济发展滞后，教育公平问题尤为凸显。贫困地区的乡村小规模学校成为“最弱势”的乡村教育领域，出现贫困地区“教育更穷”之困境。教育是阻断贫困代际传承的根本路径，故而如何提升贫困地区乡村小规模学校教育教学质量，改善办学条件，提高办学水平，是最值得关注的问题。

一　贫困地区乡村小规模学校的发展现状

贫困一般指物质生活的极度匮乏、精神生活和社会生活的全面缺失。其中也包括教育、文化和政治等资源不能满足发展需要。故而贫困地区乡村显现出经济落后、精神文明不足和社会缺乏活力等特点，这在很大程度上影响着乡村教育的发展。教育发展受制于政治、经济和文化发展，政治、经济和文化的发展对教育具有促进作用。目前，存在于深度贫困的偏远农村地区的乡村小规模学校的发展现状堪忧。

（一）穷村贫教：“城市化”浪潮牵引下乡村小规模学校的生存危机

贫困地区乡村人大量外出务工，谋求发展和为子女寻求“更优质”的教育，导致农村“空心化”，也直接导致乡村小规模学校的产生或者消亡。在过去，乡村人主要以务农作为第一生计，乡村的孩子在村小就近入学。但随着社会、经济、教育快速的发展，城市化与现代化进程的加快，城市与乡村各方面的发展渐显分化，形成明显界限，并导致城市教育与乡村教育的较大差距。乡村人为谋求生计、谋求子女的优质教育，不断涌入城市，从而导致乡村学校教育萧条的景象。

城市教育资源的极大丰富和办学水平的极大提高，反衬出贫困地区乡村小规模学校的资源贫乏、质量不高，进而使其在现代化与城市化面前遭遇重大的生存危机。乡村里经济水平较好的家庭，为了让孩子获得接受优质教育的机会，选择送孩子到县里或市里读书，这样一来，孩子在中学阶段就更加容易进入县重点、市重点的初中或高中就读。优质教育的选择，则以孩子取得优异的高考成绩作为回报。① 乡村的孩子涌向城市学校，带来的是乡空城挤，乡村生源的流失，乡村学校规模越来越小，随时面临停办的危机。乡村小规模学校“优秀学生”流向城市学校，也进一步导致其“办学声誉”的恶化，最后导致贫困地区教育“更加贫困”的现象。乡村学校不能满足乡村人对教育的需求，乡村人对乡村小规模学校教育“失去信心”，最终导致乡村小规模学校生存困难。

（二）师资断层：乡村小规模学校青年教师的“难招”与“难留”

贫困地区地处偏远，环境恶劣，故而聘请教师成为最为急迫的问题。贫困地区乡村小规模学校人才断层严重，也反映出小规模学校的吸引力不足问题。马斯洛把人的需求划分为五个层次：生理需要、安全需要、归属与爱的需要、尊重需要、自我实现的需要。② 在生活成本居高不下的情况下，年轻教师刚步入职业岗位，生理需要与安全需要尤为明显。一是生理需要。工资和福利待遇是保障教师基本生存的物质条件，虽然有乡村教师补贴，但乡村教师收入与城市教师相比，仍相距甚远。二是安全需要。小规模学校里有编制的教师尚能不过多为此忧心，无编制的顶岗教师，没有职业安全感，在岗位上不能静下心来教书。只有当生理需要和安全需要得到满足，年轻教师才会转移注意力，将重心放到教学上来，产生源源不断的动力，并实现学生与

---

① 凡勇昆、常雪：《“走不掉的一代”：关注乡村小规模学校中的边缘性群体》，《教育发展研究》2017年第Z2期，第51~56页。

② 〔美〕亚伯拉罕·哈洛德·马斯洛：《动机与人格》，中国人民大学出版社，2017，第60页。

教师的双向成长。[①]

优秀青年教师的“难招”与“难留”，并不是因为贫困地区乡村小规模学校的门槛过高，实际情况反而是“只要愿来，乐于从教，学校都欢迎”。近年国家颁布相关政策，各方面资源向贫困地区的乡村学校、乡村教师倾斜，但城乡学校资源分配、城乡教师的生活质量差距，动摇着优秀青年教师的乡村教育信念。此外，青年教师因家庭原因或者因城镇学校开出更优厚待遇而向经济更发达的地区“外流”，对本就教师供给不足和教师稀缺的贫困地区乡村小规模学校而言，无疑是雪上加霜。从当前乡村教师队伍现状来看，站在乡村小规模学校讲台上的教师大多是由1985年前在册的民办教师“转正”过来的，这一教师群体占乡村小规模学校教师的50%以上。他们文化水平本就不高、年龄偏大，即使愿意像年轻老师那样学习并实践现代教育理念、学习现代教育技术，也有心无力。[②] 教师的老龄化，也预示着乡村小规模学校教师会进一步缺乏，值得高度重视。

（三）财匮力绌：乡镇区域内的微观教育不公平现象越发明显

学校经费如同教育的血液，对于地处偏远且基础薄弱的乡村小规模学校而言，公用经费的供给力度极其重要。[③] 由于地理位置、经济发展落后、交通不便、人口密度小等，大量的乡村小规模学校还将长期存在，然而现有的人力资源、物力资源和资金配置模式对乡村小规模学校的发展是不利的。[④] 更进一步而言，乡村小规模学校的投入不足，办学标准不完善，会带来新一轮的教育不公平问题。因为总有相当一部分乡村人不愿进城务工或是没有条件带着孩子进城，这一部分乡村人对于乡村教育质量、教育公共服务的需求是极大的。他们渴望着孩子即使在乡村就读，也能享受着与城市学校一样的

① 蔡逢茜：《基于马斯洛需要层次理论的教师积极性调动》，《中学政治教学参考》2015年第18期，第93~94页。

② 虎金峰、王安全：《乡村小规模学校青年教师队伍发展的困境与出路》，《内蒙古师范大学学报》（教育科学版）2019年第8期，第83~87页。

③ 周兆海：《优化乡村小规模学校公用经费配给机制》，《中国社会科学报》2018年3月8日。

④ 秦玉友：《乡村小规模学校办学成本解决之道》，《中国教育报》2015年11月19日。

有质量的教育服务。

但在当前乡镇区域教育发展中，以“中心校”为主的发展模式进一步拉大了乡镇区域内的微观教育不公平现象。例如笔者走访桂北山区发现，多数乡镇将更好的教育资源投入在乡镇中心校，将乡镇中心校建设得与城市学校相差无几，但是偏远和贫困的农村，学校设施还很落后，课桌椅等硬件设备老旧，“电子白板”等先进信息技术设备配给不足。虽然社会各界一直呼吁完善乡村小规模学校办学标准，提升其教育质量，但囿于财力不足，乡镇范围内的教育不公平问题难以在短时间内得到解决，并有可能愈演愈烈。

（四）失去自我：“离农化”的乡村学校课程与教学魅力不足

1926年，陶行知先生就已抨击过中国的乡村教育走错了路，“他教人离开乡村往城里跑，他教人吃饭不种稻，穿衣不种棉，做房不造林；他教人羡慕奢华，看不起务农；他教人分利不生利；他教农夫变成书呆子；他教富的变穷，穷的变得格外穷；他教强的变弱，弱的变得格外弱”。[①] 陶行知先生认为，这是一种“离农化”教育。实际上，当前贫困地区乡村小规模学校教育的“离农化”倾向仍然存在。乡村教育内容与教学模式选择、教育大纲和标准制定、教材内容的选编、考试内容的设定，都以城市生活为依据；教科书和高考内容多是城市背景下的，农村孩子对其非常陌生；如此一来，乡村学校课程实质上是“他者课程”，无视乡村文化与生活，使城乡学生在竞争中处于极不平等的地位。[②] 综观乡村学校教育，无论是课程建设、教材设计、考试内容，无不体现着“城市的美好”，导致乡村学校教育远离乡村生活的实际，脱离乡村文化背景，“离农化”倾向明显。“城市的美好”吸引着乡村学生，加之乡村学校未能在教学中体现“乡村文化课程的回归”，

① 华中师范学院教育科学研究所主编《陶行知全集（第一卷）》，湖南教育出版社，1984，第653页。

② 谭军、彭军：《校地联合培养卓越教师的改革实践研究》，东北师范大学出版社，2018，第45~46页。

缺乏乡村文化意蕴，形成“逃离式”的乡村教育范式。这让乡村学校失去自我，呈现明显的“离农化”教育倾向。

“离农化”的乡村教育割裂了乡村文化与生活的纽带，无疑加剧了乡村学校和乡村学生对乡村的疏离感，给乡村学校教育带来不利的影响。故而应重新审视乡村学校教育的发展，实现“城市化”课程价值取向与“乡土文化”课程的共生发展。特别是贫困地区乡村小规模学校课程与教学魅力的回归，既要不脱离乡村文化与生活实际，又要符合新时代的教育理念，激发乡村学校教育的活力，让乡村学校的教育教学呈现出本土化的独特魅力。

二 贫困地区乡村小规模学校未来发展的价值思考

贫困地区乡村小规模学校发展之所以困难重重，最为根本的原因是其办学价值定位的摇摆不定，以及乡村教育本身的价值定位困难。特别是贫困地区的乡村教育发展，从不同利益和立场上来讲，具有不同的价值追求。就乡村人来讲，更多的希望是能够培养子女走出大山，到“外面”去发展；就学校层面来讲，希望培养更多建设家乡的人才；就国家层面来讲，在于培养具有家乡情怀和能为家乡建设做贡献的社会主义人才。显然，对于贫困地区来讲，要摆脱贫困就需要依靠教育培养人才，而如果培养的并非为了建乡村的人才，贫困地区就仍然会是贫困地区。因此，贫困地区乡村小规模学校发展的根本价值取向在于以乡村文化振兴为前提，培养为了促进乡村发展的未来人才。

（一）乡村发展本位：实现“美而优”的乡村小规模学校全面发展

贫困地区乡村小规模学校办学就是为了促进乡村发展，这是其办学的核心价值取向。实际上，乡村小规模学校不一定就是“小而弱”的代名词，也不是要垮掉抑或看不到前途的学校。德国、英国、芬兰等欧洲国家小学的学生定额就是150人左右，而我国的台湾地区在20年前的教育现代化运动中就明确地把实现小班小校作为教育现代化的目标。[①] 可见，乡村小规模学校发展具有自身的优势，应得到有效利用。显然，乡村要实现长远的可持续发展，只有依靠乡村学校的发展；只有依赖于乡村儿童的良好发展，使其成为未来的乡村建设人才；只有依靠乡村的优势，探寻培养人才的创新模式和新途径。例如崇信县教育局顺势而为，变小规模学校的劣势为优势，探索“小班化教育”的办学特色，通过构建“魅力教室+活力课堂+个性课间+轻松课外”，让学生成为阳光少年，综合能力明显提高。[②] 这足以证明，只要扎根于乡村，将家门口学校办好了，学校领导与教师就更有底气，村民们也会愿意、放心地让孩子回到美丽的乡村学校。把乡村学校建设好了，乡村发展才有依靠和盼头。

（二）乡土文化本位：基于乡土文化课程化和课堂化来实现学校发展

树立乡土文化本位，是乡村小规模学校发展的重要价值取向，也是乡村小规模学校发展的独特优势。作为一个幅员辽阔的泱泱大国，我国的乡土文化资源极为丰富，即使是偏远的僻壤偏壅，也积淀着丰厚生动的乡里文明谱系和先贤开辟的辉煌。[③] 在现代化、城市文明、城市文化与乡土文化的交锋中，乡土文化日渐边缘化，稍显动力不足。乡村小规模学校作为乡村主要的文化中心，恰恰是乡土文化创新发展和赓续的重要载体。乡村小规模学校坐落于美丽的乡村，田野河流、乡村歌谣、历史沿革、传统手工艺、乡土技艺等皆可成为课程的教学资源。利用乡土文化进行课程资源的开发，既推进了乡土知识进课堂，也是乡土文化传承的有效方式之一。[④]

乡土文化进课堂，一定程度上也满足了乡村小规模学校丰富多彩课程的

① 朱永新、袁振国、马国川：《激发活力教育》，山西教育出版社，2018，第76页。

② 杨东平：《建设小而优、小而美的农村小规模学校》，《人民教育》2016年第2期，第36~38页。

③ 邓和平：《从民族位育之道看现代乡土教育重建》，《武汉大学学报》（哲学社会科学版）2010年第2期，第301~306页。

④ 刘培军、吴孟玲：《回归乡土：新时期乡村学校发展的必然选择》，《教育探索》2019年第5期，第42~45页。

需求。乡村教育应具有乡土味，须有乡村孩子适宜且熟悉的学习内容。立足丰富多彩的乡土文化，开发乡土文化课程，如“乡土技艺课”“民歌民舞课”“民族传统体育课”等，是乡村小规模学校树立乡土文化本位的具体路径。其中的“民族传统体育课”，可在少数民族学生较多的乡村小规模学校开展，将滚铁环、背篓绣球、三人板鞋、竹竿舞纳入体育课的教学之中。这能够拉近学生与乡土的距离，进而对其产生认同情怀，发现家乡的美，使教学不脱离本土特色的生活实践和文化语境。[①] 这些乡土文化课程，丰富了乡村孩子的学习生活，也为乡土文化的延续奠定基础。

（三）乡村儿童本位：让“关怀—教育”两位一体促成乡童情志完满

教育不能指向单向的知识传授，而要为学生的未来做准备，乡村小规模学校同样具备这样的功能和效能。乡村小规模学校应在最大限度上给予乡村学生，特别是乡村留守儿童关怀和爱，塑造学生的个性，关注学生的心灵，让学生走进大自然、走进生活、走进乡村传统文化，把大自然、生活、乡村传统文化融为一体，促成学生的健康发展。

具体来讲，贫困地区乡村小规模学校、寄宿制学校的学生多为留守儿童，他们外在缺少物质，内在缺少关怀。内尔·诺丁斯认为关怀是所有教育成功的基石，提出从关怀的角度来组织教育。[②] 然而贫困地区、深度贫困地区的乡村儿童与非贫困地区的乡村儿童，对于关怀的需求是不一样的。因此，可建立乡村儿童的“关怀—教育”两位一体的服务体系满足关怀需求。首先是学习上的关怀。贫困地区的乡村留守儿童，父母外出务工功课无人辅导；即便没有外出务工，因繁重的农活和文化水平的限制，父母也没有时间和能力对乡村儿童进行学习上的关怀。因此，学习上的关怀要改进乡村儿童的学习方法与态度，课外时间教师力所能及地提供学习辅导，不让任何一个

① 田宝军、朱曼丽：《农村中小学乡土文化教育的缺失与改善》，《教学与管理》2016 年第 33 期，第 83~85 页。

② 甄晶：《诺丁斯关怀理论对我国高校道德教育的启示》，《黑龙江高教研究》2010 年第 4 期，第 100~102 页。

待优生掉队。其次是心理上的关怀。乡村的留守儿童和乡村学校寄宿生缺乏父母的关爱，教师应对乡村儿童给予更多理解，投入情感慰藉，努力做好他们成长的引路人。最后是互联网传播工具的关怀。贫困地区的乡村并非孤岛，贫困地区乡村小规模学校、乡村寄宿学校可以提供互联网传播工具，表达对乡村儿童，尤其是留守儿童的关心与爱护。贫困地区乡村小规模学校可以每周设定一个时间，让乡村儿童通过QQ视频、微信视频与家长进行情感交流。同时，政府提供资金与技术人员，开发记录学生成长的App，教师将其推广给乡村儿童父母，让乡村儿童的父母每天都能了解孩子的动态，也给定期与孩子视频通话增加了聊天的内容，以此创造家庭教育、家庭关爱的新模式。

（四）乡村联动本位：区域化“抱团”促成校际优质教育资源共享

乡村小规模学校当前发展存在一定困难，但现存的困境只是暂时的，努力创新发展机制是当务之急。基于乡村小规模学校发展薄弱、教育资源匮乏的现实问题，实现区域化“抱团”，促成小规模学校间的优质教育资源共享，是最大限度地集中现有优势资源，共同推进学校“自我发展”与“互助发展”的可能路径。这就是要树立乡村联动本位，促成学校与学校，学校与乡村，乡村与乡村之间的联合与互动，形成“抱团发展”的强大力量。

乡村小规模学校“抱团”发展，能产生共鸣，实现“一加一大于二”的集聚效应，有利于问题的解决。对于乡村小规模学校而言，仅凭自身的力量实现学校的长远发展，是远远不够的，地方政府要为学校联盟合理规划、创设条件、提供支持，鼓励区域内学校之间的合作发展。[①] 教育资源的交流与共享，既是校际建立联盟关系开展合作的重要内容和形式，也是实现合作伙伴双方利益与价值的物质前提和基础。[②] 例如，距离较远的乡村小规模学

① 安晓敏、邬志辉：《农村小规模学校联盟发展模式探究》，《中国教育学刊》2017年第9期，第50~54页。

② 薛海平、孟繁华：《中小学校际合作伙伴关系模式研究》，《教育研究》2011年第6期，第36~41页。

校，可以建立联盟学校网、微信群等。联盟学校网作为教师“线上”资源共享和交流学习平台，可以让教师随时根据自身需求点击“优质课程资源包”进行学习；每个学校的微信公众号都开设自身的特色栏目，并在联盟学校网上分享。[①] “三人行，必有我师”，乡村小规模学校区域化“抱团”发展，能够实现优质教育资源的最大化与集中化共享，共同进步，共同前进，提升乡村小规模学校教育质量。

三 贫困地区乡村小规模学校的发展策略思考

办好促进乡村发展的乡村教育，实际上就是办乡村人满意的教育。为实现这个目标，我们认为贫困地区乡村小规模学校发展可以从以下几个方面加以努力。

（一）持续推进乡村振兴战略，切实解决经济落后对小规模学校发展的阻滞

城市发展客观上是经济发展的结果，贫困地区乡村的落后事实上也就是经济的落后。城乡经济发展鸿沟的背后隐含的是物质贫困、教育贫困、精神贫困。其中教育贫困的根源则在于物质贫困。教育贫困表现为某一群体未能得到足够、均衡的教育资源，主要是物质教育资源。乡村振兴最终要靠人才，而人才的培养要靠教育，乡村教育事业的发展，无疑是乡村振兴战略的重要支点。[②] 因此，加大乡村振兴战略的力度，就要规划好、发展好、建设好乡村小规模学校，为乡村发展输送人才。

经济基础决定上层建筑，对乡村教育的经济投入，不能算眼前的经济账，要着眼于乡村未来的长远发展。乡村教育振兴，需要资金的支持，然而乡村人民财力有限，并无多余的资金支持乡村教育振兴。只有政策与资金落

① 徐莉莉、何金旺：《1+2抱团联盟背景下农村一般学校发展路径探析》，《现代中小学教育》2019年第10期，第74~77页。

② 钟焦平：《乡村振兴必先振兴乡村教育》，《中国教育报》2019年3月11日。

实到位，乡村教育才能持续发展，乡村小规模学校才有源源不断的生命力。乡村振兴战略持续推进，要把办好乡村教育放在重要位置。要引导多方社会资源和人才参与乡村振兴战略，解决经济与教育发展失衡的问题，进而实现乡村教育为乡村振兴提供人才支撑的目的[①]。

（二）有效利用“互联网+乡村教育”，提升小规模学校信息化办学水平

AI时代的到来对教育领域产生巨大的影响，引起教育教学理念与方式的变革，并重新定位教育的根本任务。互联网的发展，有利于促进教育公平，缩小城乡教育的鸿沟，同时也要警惕“互联网+教育”逐渐扩大城乡教育的差距。在义务教育均衡发展检查的推动下，乡村学校的网络已有基本保障，但是在校学生数低于100人的贫困地区乡村小规模学校，教育现代化水平还有待进一步增强。因此，对于乡村小规模学校，一方面应尽可能配置新的一致的多媒体设备，另一方面当地教育局应尽可能创造条件与机会加强教师信息技术实践层面的培训，促进教师对教育信息化技术的掌握。[②] 还有一个尤其需要注意的问题是，乡村小规模学校信息技术设备利用率不高。笔者曾到一所贫困地区民族学校调研，看到很多多媒体教学设备比较旧，且设备出了问题没人维护。这还是镇上学校的情况，贫困地区乡村里的学校或许会更突出。

显然，贫困地区乡村小规模学校的教育信息化体系建设刻不容缓。一是要重构教师与多媒体等网络教学设备的关系。进入教育信息化2.0时代，意味着互联网在教育领域的全方位应用，这种“互联网+教育”，建立了教育教学的新样态，更好地赋能教师教育教学工作的开展。二是以名校为主体，对口支援开展远程直播课，消弭教育边界，推动优质教育资源在乡村小规模学校共享，满足乡村小规模学校对高质量教育的需求。三是政府要分配一定比例的资金用于乡村小规模学校“互联网+教育”软硬件的提升。四是明

---

① 贺祖斌等：《广西乡村振兴战略与实践·教育卷》，广西师范大学出版社，2019，第3页。

② 党志平：《农村小规模学校数字教育资源建设的现状与改进》，《教学与管理》2017年第7期，第19~21页。

确、细化教育信息化设备投入层级。乡村小规模学校的教育信息化体系建设的经费来源，仍需明晰的方案。

（三）完善乡村教师发展保障体系，让乡村小规模学校教师“安居乐教”

贫困地区乡村小规模学校发展的根本问题是教师队伍建设问题。乡村教育的发展离不开乡村教师的发展，甚至可以说，乡村教师一定程度上决定了乡村教育的发展。[①] 乡村小规模学校的建设，教师是关键要素之一，要吸引优秀青年教师的加入。最基本的目标是教师“留得住”、“愿意留”、能“安心”工作。[②] 如此，乡村小规模学校的教师队伍才有可能规模变大、质量变高、活力增强。

首先，实行“阶梯式”补助。越是经济欠发达、交通不便、教学环境艰苦的地方，补助越高，且梯度要拉大。其中，乡村小规模学校的英、音、体、美教师尤为缺乏，对于这几类学科的教师相应提高补助的额度，提高乡村小规模学校英、音、体、美教师岗位的吸引力。教育部在 2020 年 5 月就“义务教育教师工资水平不低于公务员”连发两个通知，为确保任务落实，将于 2020 年 9 月至 10 月组织实地检查督查，这对于乡村小规模教师来说是落到实处的好政策。

其次，增加乡村小规模学校教师的编制。乡村教师的保障在于教师编制，然而我国乡村地区，尤其是深度贫困地区，教师编制严重供应不足，核编不准问题依然突出。[③] 一方面，在教师编制未能解决的情况下，实行“同工同酬”；另一方面，对于乡村小规模学校实际需求，按班师比统筹分配编制名额，编制分配适当向乡村小规模学校倾斜，严禁“有编不补”“编制占用”。

---

① 石连海、田晓苗：《我国乡村教师队伍建设政策的发展与创新》，《教育研究》2018 年第 9 期，第 149～153 页。

② 程方平：《教师保障：乡村教育振兴的基石》，《教育研究》2018 年第 7 期，第 84～86 页。

③ 赖昀、张学敏：《制度变迁视角下乡村教师供给困境的编制制度创新》，《教育学报》2020 年第 2 期，第 97～108 页。

最后，为乡村小规模学校教师生活“减负”。对扎根于贫困地区的乡村教师队伍给予物质和情感的关怀，落实待遇保障，切实为教师生活“减负”。例如，改善驻校教师的住房环境，教师子女入学照顾帮扶，适时举办心理疏导讲座和福利性爱心关怀活动等，为乡村小规模学校的教师做心理调适，减轻因工作和生活压力带来的心理压力。通过一系列为生活“减负”的“惠师”政策，让乡村小规模学校的教师“安居乐教”。

（四）基于本土文化发展，探索乡村学校劳动教育课程整合路径

中共中央国务院于2020年3月29日发布了《关于全面加强新时代大中小学劳动教育的意见》，指出“健全劳动教育课程，设立劳动教育必修课和劳动周，保证必要的劳动实践时间，同时强调其他课程要有机融入劳动教育内容和要求”，[①] 劳动教育的重要性进一步被强调与提升。乡村学生更应具备乡村独有的爱劳动特征并掌握一些劳动本领。[②] 乡村学校在劳动教育上有着天然优势，乡村学校应善于利用这一天然优势，努力开发劳动教育课程，让乡村学校的学生具备乡村独有的爱劳动特征，掌握一些劳动的知识与技能。

劳动教育课程是多元化的，不应局限于教室的课堂之上，并注意体力劳动与脑力劳动并举。乡村学校的劳动教育课程，可结合本土文化，展现乡村学校的特质。贫困地区乡村小规模学校可从以下几方面开展劳动教育课程。一是劳动实操课。例如传统手工艺东龙彩灯的制作就可作为劳动实操课内容。东龙彩灯是广西壮族自治区非物质文化遗产，乡村学校可开设东龙彩灯知识与制作课，聘请村里的老手艺人，为学生讲授东龙彩灯的历史，指导学生学会竹子的选用、灯架粘糊、彩绘、晾晒这几道工序，制作出漂亮的花灯。二是乡村农耕文化劳动课。让学生以图文的形式制作关于农具和生活用

---

① 中共中央国务院：《关于全面加强新时代大中小学劳动教育的意见》（2020-03-20），https：//www-moe-gov-cn. webvpn. gxnu. edu. cn/jyb _ xxgk/moe _ 1777/moe _ 1778/202003/t20200326_435127. html。

② 欧阳修俊、谭天美：《乡村学校劳动教育课程变革的挑战与方向》，《中国教育学刊》2019年第8期，第56~60页。

品的知识卡片、墙报，并让学生演讲相关的农耕文化故事。三是学科教学与劳动教育的有机融合。例如在小学阶段的劳动教育课程中，可开辟学农实践基地，在学农基地种植瓜果，学生每天观察瓜果发芽、花蕊授粉是科学课，测量瓜果的生长高度和计算收成是数学课，绘出瓜果的形状是美术课，尊重劳动成果、懂得劳动最光荣是品德课，给每样瓜果制作英文名挂牌是英语课。劳动教育与多学科的融合，让学生获得全面的发展，这才是乡村劳动教育的发展走向。

总之，贫困地区乡村小规模学校的建设任重道远，不能一蹴而就，需要更多的政府治理介入、社会力量支撑、教育研究者等主体的情怀和担当。我们坚信，只要社会广泛参与和积极实践，贫困地区乡村小规模学校教育一定能发挥其必然的功能和价值，为乡村振兴和乡村人的美好生活发挥巨大能量。

乡村薄弱学校改进路径探索

——以河南省鹤山小学为例

李醒东　窦文军*

【摘　　要】河南省鹤山小学是一所地处“后矿区”的乡村薄弱学校。近年来，通过开展“优秀传统文化进校园”系列活动，通过明确办学理念、营造文化氛围、改善办学条件、优化周边环境、举办研讨大会等活动，迅速改变了学校发展状态，实现了整体跃升，该校成为当地乡村教育发展的示范校和学校联盟牵头单位。鹤山小学在实现学校快速转变的过程中，除了发扬创业精神外，注重深入研究所在社区及区域特征、师生特点、学校定位、资源结构等情势，结合国家需求及教育发展态势，围绕问题，坚持“以我为主”，充分挖掘并利用各种资源，善于利用各种平台进行宣传和推介，拓展拉升办学的格局与境界，突破了空间及资源限制等做法都对薄弱学校改进具有路径意义。

【关 键 词】乡村学校　河南省　鹤山小学

一　一所“后矿区”薄弱学校

（一）曾是大型国企的优质学校

河南省鹤山小学地处鹤壁集镇，是一所地处“后矿区”的城乡接合部

* 李醒东，教育学博士，河南师范大学教育学部副部长，副教授；窦文军，河南省鹤山小学校长。

乡村学校。学校始建于 1951 年，是国家大型煤企——如今的鹤煤集团——创办的学校，其前身是鹤壁矿务局一矿小学。2004 年，国家实行校企分离，学校隶属关系转到鹤壁市鹤山区。2008 年更名为鹤壁市鹤山小学。学校至今已有 60 多年的办学历史。截至目前，学校占地 23 亩，总建筑面积 7794 平方米，学校有 6 个年级，24 个教学班，在校生 1220 人左右，有 65 名教职工。

（二）“后矿区”变迁的缩影

鹤壁市位于河南省北部，太行山东麓向华北平原过渡地带。1957 年 3 月，原汤阴县地置鹤壁市，市区选在鹤壁集镇。随着二矿、三矿的建设，1957 年 12 月市区南移到中山；后因矿藏枯竭，鹤壁新城随着五矿、六矿的建设，1959 年后撤 15 公里，市区又从中山迁到山城区。不过，这个新城也很快因资源枯竭再次后撤。1992 年，鹤壁决定建立淇滨经济开发区，随着开发区规模的扩大，1999 年 5 月市政治中心又迁到淇滨区，淇滨区已成为鹤壁市新的政治、文化、交通中心。

鹤壁作为资源型城市，在煤炭越来越边缘化的今天，发展前景愈加黯淡。最早的城市雏形鹤壁集已经因无煤可采而被废弃。随着矿区的发展，原来的市区（鹤壁集所在的鹤山区、山城区）周围基本上都是塌陷区，城市的发展受到制约。目前鹤壁第三期新城定址在 30 公里外的淇滨区，往来鹤山区的除定时定点的公交车外，还有面包车、摩托车等。在淇滨区横贯东西的鹤煤大道与贯穿南北的华夏南路上，有花园、绿地、广场、商业区等，呈现出一派现代、繁华的景象。从雄伟壮观的市政府大楼，可以俯瞰宽阔、气派的世纪广场。这与奄奄一息的鹤壁集形成鲜明对照。①

（三）跌入区域“薄弱”学校的谷底

鹤山区作为后矿区，人口大量南迁，整体面临着家长和生源均大幅减少

① 伊夫：《鹤壁：三个城市的发展历程》，搜狐网，https：//www.sohu.com/a/60708023_148923，2016-02-26。

的教育生态环境，呈现留守儿童多、父母离异多、家庭重教弱的特征。时间来到了2015年，鹤山小学已经沦落为全区最薄弱落后的学校，面临着外债负担一百多万元、硬件条件落后、管理基本废弛、教师思想滑坡、领导班子配备困难、周边环境滞后等重重压力。

学生上下学通往鹤壁集镇的是沟壑纵横的灰渣路，晴天灰尘漫天，雨天泥泞不堪，“蜀道难”在家长接送孩子的路上上演。办公楼墙壁处处斑驳，上面还插着掰下学校铁门上尖尖部分做成的铁镖。学校四栋教学楼楼道凋敝、脏污狼藉，楼梯散发异味，楼顶全部漏雨，教室内墙壁布满涂鸦，被学生拉坏的教室防盗窗，触目惊心。该校的情况，用鹤山区文教体局局长的话说，是“一盘散沙，没有任何建树，无论让谁到那都不知如何下手”。①

然而，鹤山小学在短短三年多的时间里就从区域最为薄弱的学校，快速成长为区域优质学校的标杆，得到教育主管部门和各级政府的肯定。学校通过承办全国性研讨会展示办学经验，也邀请学者进校调研和指导。当前正值各地贯彻实施乡村振兴战略的热潮，如何快速改变乡村薄弱学校的面貌，走稳教育改变乡村相对落后状态的道路，鹤山小学的经验值得深入考察分析。笔者多次到鹤山小学调研，熟悉学校转型发展的历程，对窦文军校长办学理念和实践探索有深入的了解。本文主要从学校发展过程中的路径选择角度进行介绍和分析，期待更多研究者参与到问题讨论中来。行文中涉及的学校基本情况、日常教育活动和改革行为，主要以窦文军校长的叙述及相关新闻报道中的说法为准，辅以本人的观察及对校长的访谈材料。

二 寻求突破困境的切入口

（一）改变从新校长的就任开始

2015年8月，距离秋季开学仅有半个多月的时间，在历经反复斟酌权

① 鹤山小学校长窦文军在中华教育改进社2018年会议上的发言，描述了2015年8月中旬其接手学校时的情景。

衡后，鹤山区文教体局将曾任局办公室主任、当时的双语小学校长窦文军任命为鹤山小学新校长。新校长到任，学校的破旧、散乱、倦怠和惨淡经营，着实让他感到很大的压力。之所以选择由他来接任这所学校的校长之职，主要考虑到他之前所在的双语小学也是一所薄弱学校。

在短短的两年时间里，窦文军通过开展信息化教学、德育文化体系建设等路径，让双语小学成为全区的标杆学校。双语小学的改变，主要经验是抓住要紧与核心的问题即办学资金匮乏、办学条件落后等，充分利用各种社会资源，多方寻求帮助，如前往学校周边的厂矿企业"化缘"，要来水泥、沙子、石子，带领全体教职员工，搬砖和泥当小工，上墙泥墙当大工。

这段办学经历中的成功，总结起来主要是借助人脉网络、开拓社会资源、寻求多方支持的办学资源观，然后配以自力更生、艰苦创业、率先垂范、身先士卒的奋斗精神，实现精神激励，使一个薄弱学校在短时间内实现了华丽转身。对于鹤山区文教体局来说，选对校长是决策智慧的体现，薄弱学校面貌的改变是校长这个"关键少数"作用发挥的结果。对窦文军校长而言，曾经快速转变薄弱学校面貌的经历，可能是最具"路径"意义的。学校治理经验是校长的心理与理论财富，随后在鹤山小学的办学实践也确实印证了这个判断。

（二）校长的心理建设与精神动员

对于窦文军校长而言，面对困难首先做的事情是自我心理建设。当然，校长的自我精神激励方法，也自然成为带动群体进行"精神建设"的途径。

窦文军校长经常用催人奋进的话鼓励大家一起奋斗，如"苦想没盼头，苦干有奔头"，"汗水比泪水更有营养，站着比坐着更有力量"，还通过给教师和创业团队成员推荐电视剧《最美的青春》等途径将教师应当保有的价值观与具体活动结合起来。他通过生活化的语言凸显精神的引领作用，如"一个教育工作者就是要从对教育的一见钟情升华到对爱的教育的一往情深"；经常温习艾青的诗句"为什么我的眼里常含着泪水，因为我爱这土地爱得深沉"，让自己持续保持教育情怀。

价值观上的引领起到的是精神动员的作用。重新唤醒人们根植心底的教育信念，并将之引导生发成为对乡村薄弱学校的挚爱，是教师队伍建设的第一步。经过时间的磨砺，这支队伍确实完成负重奋进、爬坡上升、转型发展、华丽转身的历史重任。

（三）借“优秀传统文化进校园”开启变革

面对重重困境，学校治理从哪里入手，发展设想从何处打下底锚，有限的精力和资源如何发挥最大效用，赢得支持需要从哪些事情上最先寻求突破，哪里才是最重要的着眼点和发力处，如何激发创新有为的精神动力等现实问题，需要从既有经验中进行反思总结，找到一条适合自己的路径。

如何破解薄弱学校发展的难题，鹤山区文教体局的指导思想很明确，就是要走出一条特色化发展之路，并给出了方向和策略：一是当时在区内比较流行的教育信息化，二是“优秀传统文化进校园”。经过反复斟酌并征询意见，鹤山小学选择了“优秀传统文化进校园”这一路径。之所以没有选择走教育信息化之路，一是考虑到改造的资金需求量大，设备到位慢，能够投入改善办学条件的资金有限；二是在缺少教师员工积极精神状态和科学思想方法支持的情况下，信息化设备很难对教学方式转变产生积极作用。要想快速改变学校面貌，首先要改变人们的态度和精神状态。“优秀传统文化进校园”活动，可以直接组织小学生按照新的行为规范、思想方法来行动，借助孩子们的行为带动和改变教师及家长。这样就增加了校长通过自身言行鼓舞同事的能量，带动大家行动起来。

（四）牵手“八德”教育显成效

确定好了方向和路径，窦文军校长挑选骨干，组建研发团队，带领大家到河南、山东等地走访参观“优秀传统文化进校园”的先进典型学校，学习经验并思索其在鹤山小学“落地生根”的方法。在走访了五六所学校和传统文化研究机构后，校长和研发团队基本了解了各地所理解的优秀传统文化以及让优秀传统文化走进校园的方法。但校长发现，无论是在活动形式和内容上，还是在对传统文化的理解上，这些考察对象的经验都难以达到他所期望的借以改变学校面貌的效果。随后，他们接触到了河南电视台国学频道“八德教育”推广团队，看到了整套的师生行为规范和推广流程，并且得到了推广团队的培训指导。从 2015 年 11 月开始，“八德教育”全面进入鹤山小学。在随后的一年多时间里，“八德教育”初见成效，学校发生了根本性变化。2017 年初，校长酝酿并筹划借助该项活动召开一个研讨会，展示成果、引起关注、寻求研究者的指导。

经过紧张筹备，“中原地区国学落地进校园峰会暨鹤山小学八德教育成果展”（以下简称“中原峰会”）于 2017 年的 5 月 24 日在鹤山小学召开。在这次会议上，学校明确了自己对传统文化进校园的定位。

做应用型优秀传统文化进校园，不拟古更不复古。不是让孩子们机械地背诵经典（也无法实现让孩子们接受系统的国学课程训练，学校也不具备进行系统的国学课程开发和教育的能力），而是把优秀传统文化中的基本价值观、优良传统、民族精神和美德雅风，贯穿到学生日常的成长活动中。要使“优秀传统文化进校园”与践行社会主义核心价值观、培育核心素养内在融合，并将其落实到学生日常行为习惯中，努力达到学用结合、知行合一、重在行动的目标。学校借此带动更多的教师和家长，寻求乡村薄弱学校的突围之路。通过考察学习和专家多方沟通，鹤山小学凝结出了“立德树人，温暖教育”的理念，并将此理念细化为“孝亲、尊师、友学、长善、救失、立志、守法、循规”八个方面。围绕这一理念，坚持“办有良知的教育，为家庭育孝子，为国家育栋梁，培养具有民族精神和世界眼光的人”。形成了“新八德温暖教育”有效的系列抓手，通过组建研发团队，进而生成了多种方法，举办了很多的活动。①

① 会议举办期间，窦文军校长对传统文化进校园的解读。参见《全国优秀传统文化进校园峰会在鹤山区鹤山小学举行　400 余名专家学者参加》，《鹤壁日报》2018 年 5 月 26 日。

三　多通道搭建学校发展平台，探索改薄重生的路径

（一）多方争取和协调资源

借助“优秀传统文化进校园”进行小学生良好行为习惯养成教育的同时，鹤山小学也初步完成了学校教师员工的精神动员工作，学校呈现出蓬勃发展的态势。在学校稳步发展的同时，争取资源、改善办学条件、协调各方意见和利益就成为校长工作的重要内容。得益于窦文军校长多年在高中和文教体局工作的经验，社会各界和领导的关注也是重要的资源。通过引起关注，鹤山小学将办学的成绩向外传播，也让更多人了解了学校存在的困难。办学成绩和发展愿景、清晰的思路和周详的发展规划、专家学者的协助和指导，都是可以借助的重要资源。当然，对资源的理解要基于学校的发展全局，要基于区域自然、社会和人文及教育生态条件，认识办好教育的多样性、复杂性和丰富性。

在日常工作中，鹤山小学善于谋划并组织多种多样的特色教育活动，邀请专家学者到学校调研、指导，向社会各界开放办学，及时将学校内正在进行的教育生活向各方宣传，目的是让所有相关方面和可能的关注者都知晓学校正在做的事。关注，是媒体传播的生命线，也可以成为学校发展的生命线。越是开放办学，越能激发人们干事创业的热情，事情就越容易办好，也容易取得各种成绩和赞誉。学校成为人们关注焦点的时候，邀请政府领导和教育主管部门到校调研考察也就变得顺理成章。当政府领导和教育主管部门看到学校在不断焕发新的生机和活力时，自然就会帮助学校协调解决遇到的困难。与城区学校相比，薄弱学校在教育资源方面有巨大不足，即使有领导和社会各界的关注，在短时间内全方位进步也是不现实的。所以，鹤山小学每次都根据情况提出 1~2 个亟须解决的问题，在力所能及的范围内予以解决。正是基于这种“在改变中赢得支持”“积小变化为大变化”的思路，学校持续不断地改进基础设施状况和校容校貌。

（二）全方位改善学校教育生态

在2017年5月举办“中原峰会”之后，鹤山小学一跃成为中原地区名校。2017年底，鹤山区人民政府研究通过“围绕中原名校鹤山小学一揽子周边环境改造计划”，正在校园周边建设公园。用区主要领导的话讲，学校的快速发展并成为全国名校，已经形成了倒逼政府重视薄弱学校发展、加大投入的态势。

目前，鹤山小学学生上学的道路已经硬化、绿化、靓化，并安装了路灯。学校的所有建筑物翻新一遍，新建了学生餐厅和报告厅，改装了水冲厕所，重新配置了办公桌椅。学校还为教师配备了工装，安装了六机位现代化录播室和一体机，实现了教学联网互动。鹤山区文教体局组建了鹤山小学辐射三个乡小的教育集团，带动辐射周边小规模乡村学校发展。新乡市平原示范区投资1.5亿元的龙源小学加盟鹤山小学，成为其分校；新疆生产建设兵团红星四场学校成为鹤山小学“牵手中原名校”项目中的结对子单位。

关于工作态度和方法，窦文军校长经常挂在口边的是“努力到无能为力，拼搏到感动自己”。竭尽全力的努力，使鹤山小学从一所名不见经传的乡村小学发展成为一所闻名省内、享誉全国的特色学校，走出了一条薄弱学校发展的救困突围之路。

（三）立足乡土走特色化发展之路

一盘散沙、一片空白的学校如何在特色发展上定好位，着力一点，做出精彩？有限的精力和资源如何发挥最大效用？哪里才是最重要的着眼点和发力处？如何激发创新有为的精神动力？城乡接合部学校中农村孩子多、留守孩子多，学生的行为习惯、思想观念、文化基础、理想信念等与城市孩子相比有差距，怎样改变面貌？如何让这些孩子能从心里生出爱，昂扬自信，理解父母，理解家庭，热爱社会，也理解自己，让他们的生命质量、成长质量得以提高？种种现实问题，需要学校定好位，把握好时机，运作好资源，找到一条适合自己的路径。①

鹤山小学借助“优秀传统文化进校园”活动研发出来的“新八德教育”，进一步将学校德育打造成学校特色。围绕“新八德教育”主题，鹤山小学全方位规划、设计、营造、提升学校教育文化氛围和品质。主要行动包括三个方面：一是每层楼围绕一个“美德”主题自主选取中华传统格言、警句或人物、故事，设计图案和版式，营造“八德文化”氛围；二是自主开发了诵读经典的“八味诵读法”（听、说、读、写、演、议、练、感）；三是自编并由师生传唱社会主义核心价值观《24字歌》，让校园成为流传经典、传承美德、弘扬正能量的唯美之地；四是学校推行每日美德班长交接管理制；五是自编自创三德操，配以《中华孝道歌》作为阳光大课间的体操形式；六是利用学生放学路队要走较长道路（1.5千米左右）的特点，让孩子们唱着《中华孝道歌》返回家中；七是倡导三雅（学雅风、树雅志、立雅规）、三礼（礼貌、礼节、礼仪），使传统礼仪教育在学校蔚然成风，孩子们一个个成为彬彬有礼、乖巧懂事的美德好少年；八是开展“小手拉大手，温暖教育进家庭”的好家庭、好家风、好家教家庭教育活动，使其成为乡村学校家庭教育特色。在鹤山小学，已经形成了学校教育孩子，孩子感动家长，家长回应孩子的家庭教育新格局。目前，鹤山小学形成了“文化熏陶、课程支持、研发引领、活动推进、知行结合”八德立校的特色模式。

鹤山小学先后获得“全国中小学德育工作典型案例”“全国读书育人特色学校”“中国好老师基地”“河南省德育工作先进集体”等荣誉称号，鹤山区文教体局以此为典型，构建了八德教育示范区。

四　鹤山小学现象的启示

鹤山小学在短期内实现转型发展，不断开拓新的教育空间，其发展经验

① 鹤山小学校长窦文军2018年11月11日在河南省教育学会教育专业委员会第33届学术年会上的报告。

已经成为当地乃至中原地区乡村薄弱学校发展的样本，也引起了众多教育专家的关注，多家媒体如《鹤壁日报》《教育时报》等都对其进行了报道。笔者通过校长访谈并深入学校多次考察，听取学校创业故事，总结了其在路径选择上的努力。

概括起来，核心就是抓住并解决关键问题，针对自身特点从战略上进行布局，借助各种平台开放化办学。

（一）关键问题和发展定位要清晰

鹤山小学领导深入研究所在社区及区域特征，依据师生特点明确了学校是一所久处“后矿区”的薄弱乡村学校，所有的决策和行动都基于这个基本事实。

（二）紧跟时代调整办学思想

学校根据自身资源结构、人员素质、办学条件等情势，借助专家、领导、媒体等多个渠道，主动了解当前基础教育发展的态势，准确把握国家对基础教育、乡村教育的要求，跟上社会关注的热点。

（三）做好精神动员和价值引领

乡村学校教师队伍建设的先导性问题和核心是转变态度，激发大家的教育热情。没有学校自身的自觉发展和主动作为，也不会有来自各方的积极回应和热情支持。鹤山小学的领导通过精神动员与价值引领，围绕问题，坚持“以我为主”，不断取得新成绩，才得以吸引各种资源，为我所用。

（四）以开放姿态融通多种渠道和平台

鹤山小学将自己想好拿准的事情，随时向社会各界公开。在争取各方关注的同时，也将自己的思考和行动“推送”给社会，凡是举办特色活动或取得成绩，就第一时间在各种平台上进行宣传和推介。同时，使学校处在社会的全方位关注下，也有助于快速拉升办学的格局与境界。

（五）坚持走特色化发展之路

乡村薄弱学校的主要特征是资源的外部性、教育功能的不完整性和发展的不确定性，特色化发展是必要的和必需的路径选择。如何选择适合自身特点的方向和项目，借其突破空间及资源限制，对于乡村薄弱学校来说是一个重大课题。

高质量脱贫需要高质量教育扶贫

雷 明 邹 培*

【摘　　要】改革开放40余年来，中国在消灭贫困方面取得了举世瞩目的成果。从1978年到2019年，中国脱贫人口7.8亿，贫困发生率从97.5%下降到0.6%。作为脱贫攻坚“五个一批”方略之一的教育扶贫，在这一伟大进程中发挥了重要作用。本文围绕高质量脱贫对高质量教育扶贫的需要展开相关研究，提出了实现高质量脱贫的根本之路还是在于教育，高质量脱贫需要高质量教育扶贫，高质量教育扶贫是高质量脱贫的根本之路的核心观点。

【关 键 词】脱贫攻坚　高质量脱贫　教育扶贫

教育是最大的民生。教育强则国家强，教育兴则民族兴。习近平总书记在党的十九大报告中指出“必须把教育事业放在优先位置”，“办好人民满意的教育”，教育优先发展的战略地位有了坚实的思想基础。各地也都在积极推动教育改革发展，切实把教育放在优先发展的战略地位上。

扶贫先扶教，治贫先治愚，扶贫的长久之计是提高人口的素质，让他们用知识和技能去创造财富，创造新生活。习近平总书记在《摆脱贫困》一

* 雷明，北京大学贫困地区发展研究院院长，北京大学光华管理学院二级教授；邹培，北京大学社会科学部助理研究员。

书中阐发了"脱贫""扶贫"的重要意义和实现途径。他在该书中一再强调"扶贫先要扶志"，"弱鸟可望先飞，至贫可能先富，但能否实现'先飞''先富'，首先要看我们头脑里有无这种意识"。如何"扶志"，如何培植"先飞""先富"的意识？这都需要教育。2017年1月24日，习近平总书记到河北省张家口市考察工作时指出，要把发展教育扶贫作为治本之计，确保贫困人口子女都能接受良好的基础教育，具备就业创业能力，切断贫困代际传递。2020年4月20日至23日，习近平总书记在陕西考察时进一步强调，要推进城乡义务教育一体化发展，缩小城乡教育资源差距，促进教育公平，切断贫困代际传递。

2020年是脱贫攻坚收官之年，党的十八大以来，我国取得了举世瞩目的脱贫成就，成功走出一条中国特色扶贫开发道路，贫困人口大规模减少，累计7.8亿农村贫困人口成功脱贫，脱贫攻坚取得历史性重大成就，为实现第一个百年奋斗目标打下了坚实基础，为全球减贫事业做出了重要贡献。作为脱贫攻坚"五个一批"方略之一的教育扶贫，在这一伟大进程中发挥了重要作用。如何看待中国教育扶贫？中国教育扶贫下一步怎么搞？围绕这些问题，本文展开相关研究。

一 高质量脱贫需要高质量教育扶贫

要如期完成脱贫攻坚历史任务，顺利实现其与乡村振兴的有效衔接，就必须聚焦影响贫困地区、特殊贫困群体"吃不愁、穿不愁、义务教育、基本医疗、住房安全"的突出问题，全面推进高质量脱贫。

高质量脱贫的实质就是要实现脱贫的精、脱贫的准，更是要实现脱贫的可持续。只有实现了脱贫可持续，贫困人口具备了可持续性脱贫能力（包括生产能力、市场能力以及社会能力），才能称得上真正意义上的精准扶贫目标的精准实现。

目前普遍存在的村庄空心化问题、乡村凋敝问题、外出务工问题、返乡问题、城镇化问题，归根结底都是人的问题、文化的问题、文明的问题，是精神、文化、信念空心化问题，是国民素质问题，是实现自然小农人成为现代社会人的问题。这个问题不解决，一切都会成为空谈。

同时必须看到，贫困人口是脱贫致富的主体，只有充分发挥他们的主观能动性，让他们克服“等、靠、要”的思想，真正做到“自力更生，自强不息”，扶贫开发才会取得显著成效。要抓好教育扶贫，加大片区义务教育投入力度，全面实施素质教育，大力发展职业教育，从根本上提高贫困人口综合素质，增强他们脱贫致富的能力。要实施教育政策倾斜，引导高校毕业生特别是生源地高校毕业生扎根农村，服务农村，到农村就业创业，为农村教育事业注入新鲜血液。

因此，全面推进高质量脱贫，能力形成是根本。这里所说的能力不仅是指生存能力和发展能力，更是指持续发展能力。在社会主义市场经济中，这一能力不仅需要具备，而且需要有竞争力。从内在本质上看，高质量脱贫所体现的就是对贫困群体的扩能增能。所谓扩能增能，包括从生存能力（主要指小农人、自然人应该具有的温饱小康、两不愁三保障生存能力）到发展能力（主要指市场人的发展能力），再到可持续发展能力（主要指社会责任人的可持续发展能力）的提升。而综观人类发展历史及现实，我们不难发现这一扩能增能目标实现的根本途径就是教育。

联合国教科文组织研究表明，不同层次受教育者提高劳动生产率的水平不同：本科300%、初高中108%、小学43%，人均受教育年限与人均GDP的相关系数为0.562。“积财千万，不如薄技在身”“一技在手，终身受益”，教育在促进扶贫、防止返贫方面的作用，可说是根本性的、可持续的。

“十年树木，百年树人”，回顾中国反贫困历程，不难发现教育在扶贫工作大局中的基础性、可持续性作用正不断地显现出来，在彻底阻断贫困代际传递，实现个人、家庭、社会的共赢中发挥着重要的作用。让贫困地区的孩子掌握知识、改变命运、造福家庭，可以说，“教育扶贫”是最有效、最直接的精准扶贫手段。

因此，实现高质量脱贫的根本之路还是在于教育，高质量脱贫需要高质量教育扶贫，高质量教育扶贫是高质量脱贫的根本之路。

二 教育扶贫及其意义

所谓教育扶贫就是通过在贫困地区普及教育，使广大贫困人口有机会得到他们需要的教育，通过提高思想道德意识和掌握先进的科技文化知识来实现征服自然界、改造并保护自然界的目的，同时获得较高的生存质量，涵盖贫困地区的教育事业发展，以及贫困地区贫困劳动者基本素质的提高，等等。其具体手段主要包括：开办"教育扶贫班"，进行剩余劳动力转移培训与就业扶贫，为国家扶贫重点县建立现代远程教学站，实施教育扶贫工程，设立教育扶贫基金，等等。而在这些手段中，直接对各类教育系统中的在校贫困生的资助，又属于教育救助的范畴。

因此，教育扶贫具有两个层面的内涵。一是"扶教育之贫"，即对贫困地区的受教育者进行帮扶，使他们能够接受优质教育。二是"以教育扶整体之贫"，也即从"内生动力"的角度出发，将教育作为脱贫的根本手段，一方面努力转变贫困人群的脱贫观念，增强其"内生性"脱贫的意识和信念；另一方面使他们具有相应的知识能力与方法，这一层面不仅会涉及义务教育、中等教育和高等教育，更包括成人教育、职业培训以及"干中学"等多种教育形式。

教育扶贫一直是我国整个扶贫开发的一个重要方面，更是脱贫攻坚"五个一批"方略之一。教育扶贫不仅直接提升贫困地区和贫困家庭的自我发展能力，属于典型的"造血式"扶贫，更是落实开发式扶贫工作方针的具体体现，是扶贫助困的治本之策，是实现贫困地区长远可持续发展的必由之路，即典型的"可持续造血式"扶贫。"教育扶贫"能让贫困地区的孩子掌握知识、改变命运、造福家庭，是最有效、最直接的精准扶贫。

贫困是物质的贫乏，但归根结底是知识和技能的缺乏。习近平总书记强调："扶贫必扶智。让贫困地区的孩子们接受良好教育，是扶贫开发的重要任务，也是阻断贫困代际传递的重要途径。没有贫困地区教育的发展，就不会有扶贫开发的成功；而没有贫困地区的脱贫，就没有全面的小康。”①

“授人以鱼，不如授人以渔”，给政策、给资金、给项目，能有效拉动特困地区发展，但根本还是要培养有知识、懂管理、会经营的新型农民，只有通过教育扶贫，大力发展贫困地区的教育事业，提高贫困地区人口素质，才能为地区经济发展提供持续的动力，使贫困地区摆脱长期贫困的恶性循环，真正焕发新生。可以说，“扶贫先扶智”决定了教育扶贫的基础性地位；“治贫先治愚”决定了教育扶贫的先导性功能；“脱贫防返贫”决定了教育扶贫的根本性作用。

贫困地区是实现全面小康的短板，补齐这块短板若只靠“输血”，只能见效一时，只有通过教育实现贫困地区的自我“造血”发展，才能有效阻断贫困的代际传递。因此，从这个角度来说，开展教育精准扶贫，不仅是个人发展的需要，还是撬动地区经济发展的关键，更是国家在新常态下实现经济发展的重要途径。

正如习近平总书记2013年元旦前夕到河北省阜平县考察时指出的那样，治贫先治愚，把下一代的教育工作抓好，把贫困地区孩子培养出来，是扶贫的根本之策。特困地区教育发展状况落后，使得劳动者的素质不能适应现代产业发展要求，造成长期贫困的恶性循环。因此，教育发展滞后依然是贫困地区经济社会发展的重大瓶颈，脱贫攻坚、乡村振兴的关键之处依旧在于教育。

三　中国教育扶贫演进

自20世纪80年代中期以来，中国政府开始有组织、有计划、大规模地开展农村扶贫开发，提前实现了联合国千年发展目标中贫困人口减半的目标。其中，教育发挥了重要作用，做出了突出贡献。而在脱贫攻坚世纪之战中，教育扶贫更是作为“五个一批”方略中的重要“一批”，通过在全国范

① 《扶贫必扶智，梦想飞更远》，新华网，www.xinhuanet.com//politics/2015－09/09/c－128213187.htm。

围内的建档立卡工作，针对建档立卡户的人口分布、致贫原因、帮扶需求等具体情况，精准确定教育帮扶措施，扮演了脱贫攻坚中的重要角色，发挥了巨大作用。

1988年，国家教育委员会开始实施“燎原计划”，通过推进农村地区的教育改革和发展职业教育，提高农民的文化素质与生产技能，增加收入，提高生活水平。1994年，国务院制定和发布《国家八七扶贫攻坚计划（1994—2000年）》，要求推进我国农村，特别是贫困地区农村的教育改革并开展成人职业教育培训。1995年，国务院开始实施“国家贫困地区义务教育工程”。

从2001年起，国家实施了农村义务教育从“分级办学，分级管理”调整为“以县为主”的管理体制，明确各级政府特别是县级政府的办学责任，使各级教育经费、教师工资的发放都得到统筹管理。同时加大对农村学校教育的投入，陆续出台了“两免一补”、义务教育阶段学生免杂费、免费师范生、资助贫困地区农村教师、读职业高中的学生免费等政策。此外，通过调整中小学的布局，实施规模化和集团化办学。

2004年国务院批准制定《国家西部地区“两基”攻坚计划（2004—2007年）》，旨在解决西部“两基”问题。2005年《国务院办公厅转发财政部教育部关于加快国家扶贫开发工作重点县“两免一补”实施步伐有关工作意见的通知》（国办发〔2005〕7号）规定对农村义务教育阶段贫困家庭学生“免杂费、免书本费、逐步补助寄宿生生活费”。其中中央财政负责提供免费教科书，地方财政负责免杂费和补助寄宿生生活费。2009年，财政部等多部委联合下发《关于中等职业学校农村家庭经济困难学生和涉农专业学生免学费工作的意见》。

2011年11月29日，中央扶贫开发工作会议召开，全面部署《中国农村扶贫开发纲要（2011—2020年）》贯彻落实工作，明确提出到2020年“稳定实现扶贫对象不愁吃、不愁穿，保障其义务教育、基本医疗和住房”的扶贫开发总体目标。同年颁布《国务院办公厅关于实施农村义务教育学生营养改善计划的意见》（国办发〔2011〕54号），意见建议自2011年起，在集中连片特殊困难地区启动实施农村义务教育学生营养改善计划，片区内3200多万农村义务教育阶段学生直接受惠。

从2012年开始，国家实施农村和贫困地区专项招生计划，包括国家专项、高校专项和地方专项计划三项，由部属高校和省属重点高校向贫困地区、农村地区学生投放专门的招生指标，以此提高农村和贫困地区学生就读重点高校的比例，增加他们获得优质高等教育资源的机会。

2012年教育部、国家发展改革委、财政部、人力资源和社会保障部、国务院扶贫办联合下发《关于实施面向贫困地区定向招生专项计划的通知》（教学〔2012〕2号），从2012年起，启动实施面向贫困地区定向招生专项计划。

2013年以来，教育部、国家发展改革委、财政部先后启动实施了全面改善贫困地区义务教育薄弱学校基本办学条件工作和义务教育薄弱环节改善与能力提升工作。

2013年，国务院办公厅转发的教育部等部门《关于实施教育扶贫工程意见》中，明确“把教育扶贫作为扶贫攻坚的优先任务”。

2015年1月，教育部会同国家卫生计生委等部门制定《国家贫困地区儿童发展规划（2014—2020年）》，对片区内农村儿童从出生开始到义务教育阶段结束的健康和教育实施全过程的保障和干预，织就保障贫困地区儿童成长的安全网，实现到2020年贫困地区儿童发展整体水平基本达到或接近全国平均水平。同年，《中共中央国务院关于打赢脱贫攻坚战的决定》第九项“着力加强教育脱贫”，特别强调要加快实施教育扶贫工程，让贫困家庭子女都能接受公平有质量的教育，阻断贫困代际传递。内容涉及国家教育经费的布局，贫困地区的义务教育建设、教师队伍建设、学校硬件设施建设、职业教育建设等。2016年《教育脱贫攻坚“十三五”规划》颁布实施。

2018年，教育部、国务院扶贫印发《深度贫困地区教育脱贫攻坚实施方案（2018—2020年）》，强调力争到2020年，深度贫困地区实现建档立卡贫困人口教育基本公共服务全覆盖，保障贫困家庭孩子都可以上学，不让一个学生因家庭经济困难而失学。

此外，还相继在全国范围开展实施了以政府主导、社会参与为特色，以提高素质、增强就业和创业能力为宗旨的“雨露计划”，旨在以中职（中技）学历职业教育、劳动力转移培训、创业培训、农业实用技术培训、政策业务培训为手段，以促成转移就业、自主创业为途径，帮助贫困地区青壮年农民解决在就业、创业中遇到的实际困难，最终达到发展生产、增加收入的目的，促进贫困地区经济发展。

同时全国中等职业学校建立了以国家助学金、国家免学费为主，以校内奖助学金和学费减免、顶岗实习等为辅的资助政策体系。普通高中建立了以政府为主导、国家助学金为主体、学校减免学费等为补充、社会力量积极参与的普通高中家庭经济困难学生资助政策体系。

为提升脱贫能力，职业教育被列为脱贫攻坚“五个一批”的重点，既重视教育脱贫，也重视为产业脱贫提供人才支撑。目前，我国广泛推广的义务教育加免费中职教育的“9+3”模式，已取得了显著成效。另外，国家还通过实施支援中西部地区招生协作计划、农村学生单独自主招生、地方重点高校招收农村学生专项计划等方式，多渠道增加贫困地区农村学生接受优质高等教育的机会。

近年来，《乡村振兴战略规划（2018—2022年）》（2018）、《中共中央国务院关于打赢脱贫攻坚战三年行动的指导意见》（2018）等系列政策的相继出台与逐步落实，进一步显示出我国将教育扶贫进行到底的决心。

四 我国教育扶贫成就及面临的挑战

（一）成就

改革开放四十余年来，我国教育事业先后经历了教育改革酝酿与教育事业恢复发展时期（1978~1984）、教育改革起步与教育事业稳步发展时期（1985~1992）、教育改革全面展开与教育事业快速发展时期（1993~1998）、教育改革持续深入与教育质量全面提升时期（1999~2011）、教育全面发展时期（2012~2020）五个重大的历史时期。我国不但在经济改革和建设上取得了伟大成就，在教育改革和建设上也取得了巨大的进展，极大地推进了我国教育事业和教育扶贫事业的发展。

党的十八大以来，党和国家高度重视教育事业。习近平总书记主持的中央深改组和深改委会议上，涉及教育改革的文件和方案就有十几份。包括《乡村教师支持计划（2015—2020年）》《关于深化教育体制机制改革的意见》《统筹推进世界一流大学和一流学科建设总体方案》《国务院关于统筹推进城乡义务教育一体化改革发展的若干意见》《中共中央 国务院关于全面深化新时代教师队伍建设改革的意见》《国务院办公厅关于规范校外培训机构发展的意见》《中共中央 国务院关于学前教育深化改革规范发展的若干意见》等一系列政策。

近年来，党和国家在稳定增加教育投入等方面做了大量工作。国务院印发的《国家教育事业发展“十三五”规划》进一步明确了保证国家财政性教育经费支出占国内生产总值的比例一般不低于4%，确保财政一般公共预算教育支出逐年只增不减，确保按在校学生人数平均的一般公共预算教育支出逐年只增不减。

2011年以来，中央财政累计安排资金1591亿元，在29个省级行政区的1631个县级行政区实施农村学生营养改善计划，覆盖了全国所有832个扶贫开发重点县，受益学生3700多万人。

2012年我国财政性教育经费支出占当年国内生产总值比例首次超过4%，突破2万亿元，此后一直保持在4%以上，2017年国家财政性教育经费达到3.42万亿元。

2013年以来，中央财政累计投入专项补助资金1699亿元，带动地方投入3700多亿元，全国新建改扩建校舍2.21亿平方米、体育运动场地2.1亿平方米，全国99.8%的义务教育学校达到“20条底线”要求。

2016年，在自然村上幼儿园和小学的农户比重分别达到79.7%、84.9%。2017年全国学前教育毛入园率为79.6%，比2012年提高15.1个百分点；15岁及以上人口平均受教育年限达到9.6年，劳动年龄人口平均受教育年限达到10.5年。高等教育向普及化阶段快速迈进，2017年，高等教育毛入学率达到45.7%，高于中高收入国家平均水平。

截至2019年3月，全国2717个县级行政区实现义务教育基本均衡发展，占全国县级行政区总数的92.7%；学生资助实现了所有学段、所有学校、所有家庭经济困难学生“三个全覆盖”，2018年全国资助各类家庭经济困难学生近1亿人次。

小学学龄儿童净入学率、初中阶段毛入学率超过或相当于高收入国家平均水平，高中阶段毛入学率高于中高收入国家的平均水平。

目前，全国中小学互联网接入率达94%，多媒体教室比例达87%。推进教育信息化建设，顺利完成“教学点数字教育资源全覆盖”项目。通过“专项计划”进入“双一流”高校的贫困地区学生约为3.7万人，约占同期“双一流”高校招生总人数的10%。

与此同时，与改革初期相比，近年我国教育扶贫已出现了教育内容由基础教育向职业教育、技术培训扩展，教育范围由义务教育向学前教育、继续教育延伸，教育对象由区域性整体扶持转向区域扶持与对特殊人群的重点资助相结合，教育扶贫的参与主体由单一政府转向与社会力量合作等多种变化趋向。

（二）挑战

不过也应该看到，经过多年的扶贫开发，贫困地区虽然取得了很大的发展，但一些地区特别是深度贫困地区的贫困现象依然存在，返贫及贫困代际传递的风险依旧存在。究其原因，除了外在的自然条件、市场风险等客观因素之外，根本还是在于“素质型贫困”人口素质不高，普遍缺乏脱贫致富技能，市场经济意识不强。

尽管经过多年的教育扶贫，农村贫困地区的群众得到了实惠，如义务教育免费政策，让贫困家庭孩子不愁上学；实施农村义务教育学生营养改善计划，让孩子们吃上可口的午餐；推行面向贫困地区定向招生专项计划，让贫寒学子走进大学；实施中等职业学校农村学生免学费政策，让农村学生不花钱就能学技能。但这些成绩离教育扶贫的目标还有差距。同时，城乡教育的较大差距不是一朝一夕形成的，解决起来也不可能一蹴而就。所以要想彻底改变贫困地区的落后面貌，教育扶贫工作还有很长的路要走。

具体来说，就义务教育而言，虽然自 2001 年起国家实施了农村义务教育“以县为主”的管理体制，增强对农村学校教育的投入，此后，又陆续出台了“两免一补”、义务教育阶段学生免杂费、资助贫困地区农村教师等政策。明确各级政府特别是县级政府的办学责任，使各级教育经费、教师工资的发放都得到统筹管理。通过调整中小学的布局，实施规模化和集团化的办学，效果显著，使农村学生可以完成九年义务教育。但是，这种直补学生的项目，并没有彻底改变农村孩子的命运，他们从农村基础教育学校毕业之后，仍缺乏竞争力。

同时，在教育资源配置上，常常是城市基础条件好的学校获得项目的概率较大，获得资助的额度也大，相反，农村学校争取项目时力量薄弱，缺乏竞争力，进而加剧教育不公平竞争。另外，农村教师岗位待遇低依旧是制约农村教师队伍质量提升的关键因素。长期以来，一些地方推动城乡学校的“对口支援”，把农村学校作为“训练新手”的地方，把在农村学校的工作经历作为教师提职晋级的条件。加之目前，对广大农村学生来说，能考上大学的毕竟是少数，很多孩子初中或者高中毕业后只能选择务农或者外出打工，“打工卖苦力，种田缺技术，致富无门路”成为许多农村青年面临的困境。

而就培训教育而言，目前的培训大多还停留在短期培训层面。由于培训时间较短，这种培训更适合劳动技能含量低的工种，一些技能型工种，除必要的理论、基础知识培训外，还需较长的时间进行操作技能培训。另外，目前开展培训的机构主要还是现有条件相对较好的职业技校、各类职业技能培训中心，不少培训基地基础设备还不齐全，师资力量还不够强，缺乏培训教学经验和成熟的培训教材，加上培训对象的素质普遍还较低，水平差异较大，培训难度较大。而且一些培训机构培训内容的设置比较简单，如实施“雨露计划”的学校只注重学历教育，技能培训难以满足企业的需求。简单的技能往往不能适应激烈的市场竞争，如何提高就业竞争力，开展多次培训也是需要考虑的问题。

因农村劳动力转移培训宣传力度不够，不少农民对转移培训和招工的信息知之甚少，同时在现有的培训扶持政策标准下，有些贫困农民尚无能力参加培训基地的培训。此外，接受培训的学生、农民工在就业的过程中会遇到各种各样的问题，就业的稳定性往往较低。

因此，对广大农村特别是广大贫困农村而言，接受高质量的教育是当务之急。教育扶贫方式必须发生改变，亟须加快实施高质量教育扶贫，如由对农村学生的直补转变为提高其所接受教育的质量。当然，最主要的还是应该大力推进教育管理体制的改革创新，对于教育扶贫存量内的调整是最能解决当务之急的。

五 教育扶贫的高质量提升

2020年，我国将全面建成小康社会、基本实现教育现代化，目前看薄弱环节和短板依然在农村，在中西部边远深度贫困地区。只有继续加大投入力度，驰而不息、久久为功，才能在缩小城乡教育差距、补齐乡村教育短板上取得更大进展，为带动贫困地区脱贫致富提供有力“智力”支持。

总体上说，未来进一步提升教育扶贫质量工作的探索和实施，还是要围绕将扶贫的问题用扶智的办法来解决的总体思路，通过高质量教育扶贫把更多的人从原有的恶劣生存环境中解放出来，以能力救助为核心要素，通过让更多的山区贫困学子接受优质的教育，提高贫困人口受教育水平，从根本上解决一个地区的贫困代际传递问题。

面对后扶贫时代以及乡村全面振兴时代的来临，人们关注的首要问题是“谁是未来乡村建设者”。我们认为未来乡村建设者就是所谓的新型农民，即指泛农业包括三产融合新兴产业业态从业者。

从内在看，其主力军应该是新型职业农民，即农民从身份转化为职业。据农业农村部统计，超过80%的新农人的创业项目集中在特色农产品加工、电子商务和乡村旅游等农村产业融合类项目领域。辅助人员即为教育特别是新兴职业教育从业人员。从外在看还应该包括大学生、返乡创业者。而这些地区的广大中小学生，他们将来会用知识和技能反哺乡村，他们是未来带领家乡脱贫致富的生力军。

应该说，未来乡村振兴的人才主要有以下几类：一是懂政策，懂市场，能实干的创业人才；二是有一技之长，带动能力强，能够带动群众致富的人才；三是创新复合型人才，即能充分扭住创新这个牛鼻子，把休闲娱乐、观光旅游、文化影视、城市生活和农村农业结合起来创新发展模式的人才。四是符合农村发展需求的“土专家”“田秀才”，如农艺师、果树种植技术人员、规划师、市场营销人员等等。这些人才是未来乡村振兴、农村发展的主力军。

这些新型职业农民从事的产业不同，需求各异。教育扶贫要真正解决农民实际问题，就要缺什么教什么，在产业链上培养实用人才。同时需要造就一支高质量的懂技术、懂市场的师资队伍。

目前，受社会上“生存方式快餐化、生产方式复制型、思维方式即兴式”潮流的影响，一些“早晨栽树晚上就想乘凉”的个体无心参与这种教育扶贫方式。因此，未来还应继续大力推动“参与式”扶贫，引导贫困个体“在学中干，在干中学”，开展“社区主导型扶贫”，提高贫困群体自我组织、自我管理、自我发展和自我监督的能力。

同时必须注重培训和转移的指向性，按照“富教合一”“学以致富”的原则，围绕“让农民当好农民、让农民兼当农民、让农民不当农民”的职业定位，把来自不同渠道的农民职业教育培训项目和劳务输出、劳动力流动整合归类，在充分尊重农民意愿和市场规律的前提下，根据不同的职业定位进行不同的“对口培训”及转移就业。尽早制定颁布国家《可持续能力提升法》《国民素质提升法》，从法律层面确保教育扶贫的效果。

具体来说，全面实施高质量教育扶贫，对于广大贫困地区和贫困群体而言，就是要通过教育扶贫真正实现“人口变成人手，人手变成人力，人力变成人才，人才变成资本”的有效价值转换。

就当前而言，首先就是要确保2020年“学前教育，职业教育，全面改薄”三大目标任务的全面完成，即在学前教育方面，实现贫困村幼儿园全覆盖；在职业教育方面，免除贫困家庭子女接受中职教育的学费和就读高职院校的学费及书本费；在“全面改薄”（即全面改善贫困地区义务教育薄弱学校基本办学条件）方面，努力使农村义务教育办学条件和教育质量有大的改观和提高。

同时要面向未来，通过顶层设计，从根本上实现城乡教育一体化。通过进一步升级改造农村基础教育存量、强化农村教师队伍建设以及将教育资源配置进一步向农村学校倾斜等多种措施，进一步提高农村教育水平。在教育规划中优先谋划农村贫困地区教育发展，把改善贫困地区教育发展环境和条件作为教育发展规划的重要内容，在教育投入、工程项目等方面向贫困地区倾斜。以精准的方略推进高质量教育扶贫，其中的关键就是实施好“精准改造”“精准招生”“精准资助”“精准就业”“精准培训”五个精准，切实提升技能，让每个人都有出彩的机会。

一方面应以保障义务教育为核心，发展学前教育夯实基础，普及高中阶段教育拓宽通道，加强教师队伍建设保障质量，完善资助政策体系避免学生因贫失学、辍学。

就学前教育而言，应围绕贫困村幼儿园“全覆盖”进一步明确目标，强化教育精准扶贫保障举措，如进一步促进乡、村两级公办幼儿园发展，支持乡、村两级普惠性民办幼儿园建设。改变骨干园、示范园大多集中在城市的不合理局面，形成中央财政也承担一定比例幼儿园经费投入的保障系统，建立合格的幼儿教师供给制度，把优质幼儿教育资源引向农民家门口，使教育扶贫政策更接地气、更符合实际且更具实践性。

就九年制义务教育而言，进一步稳步推进贫困地区农村义务教育，把加快农村贫困地区义务教育发展作为教育扶贫的重中之重，进一步突出义务教育均衡发展。继续对农村和贫困地区学生接受高等教育给予政策倾斜，向薄弱学校倾斜，切实缩小校际差距；向农村倾斜，加快缩小城乡差距；向中西部倾斜，努力缩小区域差距。

进一步落实国家的义务教育学校办学标准，城乡统筹学校教育布局，按照“缺什么、补什么”的原则改善义务教育薄弱学校基本办学条件。加大对农村办学的资金投入。支持贫困地区幼儿园、义务教育学校、普通高中和特殊教育学校建设，改善贫困地区学校办学条件。让贫困户子女不仅有学校可上，而且能上好学校；锁定贫困地区，不留“死角”；切实从最困难的地区做起，聚焦薄弱学校，做到精准扶弱；着力“雪中送炭”，满足基本需要，坚决不搞“锦上添花”，杜绝超标准豪华建设。

切实加快农村贫困地区教育信息化建设。通过发展现代远程教育使贫困地区共享优质教育资源，为贫困地区扩大教育机会、提高教育质量和降低教育成本，从而实现贫困地区教育的跨越式发展，较快缩小教育差距。让更多困难家庭孩子接受良好教育，拥有更多上升通道。

推进“撤点并校”与有质量的住宿制学校建设、有保障的校车系统建设，解决农村儿童上学远的问题。农村的高中教育，要由中央财政和地方财政共同按比例化解高中债务，对那些教育成本较低、深受农民欢迎的、仍然坐落在乡镇的高中，要建立特殊的经费保障机制。

另外，还应在广大少数民族地区，强化学校推广普及国家通用语言文字的基础性作用，在学前教育和义务教育阶段全面推广以国家通用语言文字授课，确保少数民族学生基本掌握和使用国家通用语言文字。

进一步强化教师队伍建设，广泛动员社会上更多的人和企业关注农村教育。增加乡村教师数量提升乡村教师质量，吸引更多的优秀人才到乡村学校任教，让孩子获得高质量的教育。按照十八届三中全会提出“建立校长教师交流轮岗制度”，推进教师全员参与的城乡之间双向交流轮岗制度，使弱势地区学校和弱势教师得到更多的扶持，实现教育公平。

建立新的更有价值导向的教育资源配置方式，在按照学生数量配置教育经费的基本原则基础上，要有所突破，关注农村学校普遍规模小的窘迫处境，提高以学校和教学点为单位的教育资源配置比重。逐步推进义务教育“钱随人走”改革，贫困家庭孩子无论在哪里接受义务教育都可享受“两免一补”。在教育项目配置上，支持城乡学校有相同竞争可能性的项目，支持与国计民生息息相关的有益项目，例如，绿色环保行动、生态恢复和保护等。

多渠道加大教育扶贫投入。发挥政府投入的主体和主导作用，中央相关教育转移支付存量资金优先保障、增量资金更多用于满足深度贫困地区教育发展和建档立卡贫困学生教育需求。发挥金融资金的引导和协同作用，精准对接教育扶贫多元化融资方式。集聚教育对口支援力量，建立教育扶贫工作联盟，统筹东西部扶贫协作、对口支援、中央单位定点扶贫、携手奔小康等方面的帮扶力量，形成对口帮扶深度贫困地区教育脱贫攻坚的合力。

将教育扶贫工作纳入台账管理。建立建档立卡贫困教育人口底数台账、教育扶贫基本情况台账以及教育扶贫工作推进台账。建立建档立卡贫困学生教育和资助状况年度报告制度，建立教育扶贫财政投入年度报告制度，将东西部扶贫协作、中央单位定点扶贫、携手奔小康等各项教育脱贫攻坚工作纳入台账化管理。

另一方面，俗话说给钱不如给本事，扶贫更要打“职教牌”。农村职业教育是提高贫困人口劳动技能、带动贫困地区经济发展的最直接方式，寒门子弟掌握一技之长，就业脱贫这条路将更畅通，更有利于实现“一人就业，全家脱贫”。因此，要大力发展农村职业教育，大力发展农村贫困地区职业教育与培训，提升特困地区可持续发展的能力。要以促进就业为导向，把职业教育与九年义务教育、成人教育紧密结合起来，逐步建成结构合理、符合地方经济和社会发展需要、职前教育和职后培训互相融通的职业教育培训网络，提高贫困地区人口的就业能力。同时，针对广大少数民族贫困地区，还应采取多种形式加强少数民族青壮年农牧民普通话培训，同步推进职业技能培训与普通话推广，解决因语言不通而无法就业创业的问题。

积极探索教育扶贫的有效途径，资助更多的贫困子女接受“学历+技能”教育；大力新建职教园区，使职业教育集团化集群化发展；加强国家骨干高职院校对中职学校的示范引领作用，指导各区县中等职业学校提高办学水平和办学质量，为地方经济建设提供智力支撑和培养适用人才；推广“产业园区+标准厂房+职业教育”模式，把职业教育办进园区，解决职业院校毕业生就业困难和企业用工困难的问题。建立面向农民朋友的职业教育“培训包”，采取“群众点菜、专家主厨”的方式，组织“科技小分队”，深入田间地头，使农民朋友一看就懂、一学就会、一干就有效益。

最后还要充分发挥高等学校在教育扶贫中的重要作用。优化高等学校区域布局；扩大高等学校“支援中西部地区招生协作计划”规模，制定高等学校对贫困地区定向招生工作方案；制定政策引导高素质大中专毕业生到贫困地区就业创业，带领贫困农民脱贫致富；充分发挥高校的科研和智力优势，推动贫困地区产业发展。建立贫困家庭大学生实名制信息库，开展有针对性的职业指导和培训；落实高校学生毕业后服兵役、下基层的优惠政策；鼓励贫困家庭毕业生回乡自主创业，最终达到“一人长期就业、全家稳定脱贫”的目的。

参考文献

[1] 金久仁：《精准扶贫视域下推进城乡教育公平的行动逻辑与路径研究》，《教育与经济》2018 年第 4 期。

[2] 雷明等：《农村信息化模式选择与路径依赖——广东德庆农村信息化调查与分析》，经济科学出版社，2013。

[3] 李锋：《“获得感”提升视角下民族贫困地区教育扶贫的困境与出路》，《民族论坛》2017 年第 3 期。

[4] 李晓明：《贫困代际传递理论述评》，《广西青年干部学院学报》2006 年第 2 期。

[5] 刘淑云：《国内“教育精准扶贫”研究热点的共词分析》，《武汉交通职业学院学报》2018 年第 2 期。

[6] 孟照海：《教育扶贫政策的理论依据及实现条件——国际经验与本土思考》，《教育研究》2016 年第 11 期。

[7] 潘志方：《精准扶贫视角下农村教育扶贫路径研究》，《乡村科技》2018 年第 7 期。

[8] 任友群、郑旭东、冯仰存：《教育信息化：推进贫困县域教育精准扶贫的一种有效途径》，《中国远程教育》2017 年第 5 期。

[9] 王嘉毅、封清云、张金：《教育与精准扶贫精准脱贫》，《教育研究》2016 年第 7 期。

[10] 王海港、黄少安、李琴、罗凤金：《职业技能培训对农村居民非农收入的影响》，《经济研究》2009年第9期。
[11] 吴炜：《干中学：农民工人力资本获得路径及其对收入的影响》，《农业经济问题》2016年第9期。
[12] 向雪琪、林曾：《我国教育扶贫政策的特点及作用机理》，《云南民族大学学报》（哲学社会科学版）2018年第3期。
[13] 谢君君：《教育扶贫研究述评》，《复旦教育论坛》2012年第3期。
[14] 杨荣：《人力资本下“干中学”与企业竞争优势》，《管理观察》2016年第1期。
[15] 杨智：《经验思维转向专业思维：农村职业培训扶贫“精准化”的本土路径》，《终身教育研究》2017年第4期。
[16] 苑英科：《教育扶贫是阻断返贫与贫困代际传递的根本之策》，《华北电力大学学报》（社会科学版）2018年第4期。
[17] 瞿连贵：《从职业教育扶贫到职业教育精准扶贫——内容分析、问题反思及前景展望》，《成人教育》2018年第11期。
[18] 张兵：《贫困代际传递理论发展轨迹及其趋向》，《理论学刊》2008年第4期。

新时代贫困地区教育扶贫问题研究

龚立新*

【摘　　要】消除贫困、改善民生、逐步实现共同富裕，是社会主义的本质要求，是我们党的重要使命。教育扶贫是脱贫攻坚的治本之策，既是扶贫的重要目标，也是扶贫的有力支撑。新时代深化教育扶贫工作，必须全面把握教育扶贫的价值效应，深入分析扶贫工作的现实困境，科学论证脱贫攻坚的适用原则，积极探索阻断贫困的有效路径，切实将教育扶贫的政策落细落小落实，以教育之力改善贫困地区经济社会发展面貌，以奋进之笔阻断贫困代际传递。

【关 键 词】脱贫攻坚　教育扶贫　返贫阻断

2020 年是脱贫攻坚收官之年，全面建成小康社会，是增强全体人民获得感、实现乡村振兴的关键。教育扶贫是解决贫困问题、实现脱贫目标的重要举措，是拔除穷根、阻断贫困代际传递的治本之策。党的十八大以来，以习近平同志为核心的党中央高度重视教育在扶贫开发中的重要作用，提出了一系列新思想新观点，做出了一系列新决策新部署，教育扶贫工作发生了根本性、深层次的历史性变革，取得了全方位的、开创性的历史性成就。深入

* 龚立新，经济学博士，信阳师范学院大别山区经济社会发展研究中心研究员，研究方向为国民经济发展与对策。

学习贯彻习近平新时代中国特色社会主义思想，落实教育扶贫攻坚的使命任务，重在把握好教育扶贫正确方向，科学谋划教育扶贫工作，以战略思维谋划全局，以创新精神探索扶贫模式，不断完善体制机制，不断丰富方式方法，全面推进教育扶贫工作，坚决打赢扶贫攻坚战。

一 新时代贫困地区教育扶贫的价值效应

扶贫工作，教育为本。精准扶贫，教育为先。马克思指出："为改变一般人的本性，使它获得一定劳动部门的技能和技巧，成为发达的和专门的劳动力，就要有一定的教育或训练。"① 习近平总书记在不同场合多次提出"扶贫先扶智""治贫先治愚""脱贫防返贫""扶贫要精准"的重要论述，这些论述既是教育扶贫工作的辩证法，也是方法论，凸显出教育在扶贫工作中的基础性地位、先导性功能、根本性作用，是扶贫工作的科学性方法。

1. "扶贫先扶智"的基础性地位

扶智是最大的智慧。习近平总书记指出："扶贫必扶智。让贫困地区的孩子们接受良好教育，是扶贫开发的重要任务，也是阻断贫困代际传递的重要途径。"② 物质贫困是一种现象，这种现象的本质不是物质的贫乏，而是知识和技能的缺乏。从贫困代际传递的角度看，教育是解决贫困的根本之策，通过教育手段可以帮助贫困地区的贫困家庭子女获得相对较高的人力资本和社会资本积累，这种积累有利于打破贫困恶性循环的链条，能够为贫困家庭子女提供更多的人生可能。精准扶贫先从教育开始发力，把扶贫资金用在"刀刃"上，就是从基础教育、职业教育、高等教育等方面，通过升学、职业培训等方式，为贫困家庭积蓄人力资本和社会资本，斩断贫困代际传递的根源。扶贫先扶智，扶智必助学。只有大力发展教育事业，统筹各类教育均衡发展，弥补贫困地区教育短板以提高贫困人口基本

---

① 马克思、恩格斯：《马克思恩格斯全集》（第四十四卷），人民出版社，2001，第200页。

② 习近平：《给"国培计划（二〇一四）"北师大贵州研修班参训教师的回信》，《人民日报》2015年9月10日。

文化素质，才能让贫困家庭的孩子通过教育改变命运，获得人生出彩的机会。

2. “治贫先治愚”的先导性功能

思想是行动的先导。习近平总书记指出：“治贫先治愚。要把下一代的教育工作做好，特别是要注重山区贫困地区下一代的成长。……把贫困地区孩子培养出来，这才是根本的扶贫之策。”[①] 生活上的贫困只是外在表现，思想观念的贫困才是内在根源。就目前来看，一些贫困群众之所以贫困，主要是因为其思想落后，缺乏一种脱贫致富的勇气、一种勤劳实干的精神、一种人穷志不穷的理念。物质贫困并不要紧，最怕的是思想贫乏，没有志气。因此，摆脱贫困之境，必须大力发展教育事业，积极营造良好的扶贫扶志扶智环境，解决人的素质脱贫问题，这是教育工作履行服务社会职能、彰显自身优势、体现社会价值的重要途径。实施教育扶贫开发，加快贫困地区教育发展和人力资源的开发，实现公共教育资源利用精准化，不仅有助于提高贫困地区贫困人口的文化知识，还有助于提升贫困地区劳动者脱贫致富的能力，更有助于为推动贫困地区经济可持续发展，承接贫困地区对发达地区产业转移提供人才保障。

3. “脱贫防返贫”的根本性作用

脱贫是根本的追求。贫困地区学校尤其是贫困农村学校是我国教育事业发展中的短板，也是薄弱环节。教育扶贫的目标是脱贫，实质要求是以素质换物质、精神换财富，但如何防止返贫也是当前必须审视的一个重大课题。习近平总书记指出：“真正的社会主义不能仅仅理解为生产力的高度发展，还必须有高度发展的精神文明——一方面要让人民过上比较富足的生活，另一方面要提高人民的思想道德水平和科学文化水平，这才是真正意义上的脱贫致富。”[②] 教育在促进扶贫、防止返贫方面的作用是根本性的、可持续的。只有一以贯之大力发挥教育在扶贫中的积极作用，才能让更多的贫困家庭孩

① 习近平：《做焦裕禄式的县委书记》，中央文献出版社，2015，第24页。

② 习近平：《摆脱贫困》，福建人民出版社，1992，第111页。

子掌握改变命运的主导权，夯实“脱贫防返贫”的制度基础，帮助贫困群众从根本上摆脱贫困。

4.“扶贫要精准”的科学性方法

精准是扶贫的关键。教育扶贫贵在精准，重在精准，成败之举在于精准。脱贫攻坚，空喊口号、盲目蛮干不行，搞“大水漫灌”“手榴弹炸跳蚤”也不行。打赢新时代脱贫攻坚战，必须在精准改造、精准招生、精准资助、精准就业、精准培训上出实招、下实功、见实效。精准改造，旨在解决贫困户子女既要有学上又要上好学的问题；精准招生，旨在解决贫困户子女既要公平享有受教育的机会又要享有优质教育资源的问题；精准资助，旨在解决贫困户子女既要上得起学又能免费上学的问题；精准就业，旨在解决贫困户子女既要有业可就又要持续发展的问题；精准培训，旨在促进贫困地区农民拥有一技之长脱贫致富的问题。教育扶贫是精准扶贫的一部分，只有采取超常规政策举措，瞄准教育最薄弱领域和最贫困群体，才能促进教育强民、技能富民、就业安民。

二　新时代贫困地区教育扶贫的问题透视

教育扶贫是功在当代、利在千秋的大事，不仅要让贫困人口“站起来”，而且要使其能够“走得远”。教育扶贫，涉及的问题千头万绪，贫困地区教育长期积弱的背后，既有客观的资源滞后的影响，也有主观的负面思想制约；既有整体的工作合力分散的局限，也有具体的帮扶措施乏力等问题。

1. 资源综合配置相对滞后

教育扶贫不单单是一个教育问题，也是一个社会问题、政治问题；教育扶贫不仅仅是教育部门的事情，更是一项需要群策群力、协调联动的系统工程。从世界范围来看，各个国家的贫困发生机制具有趋同性，减轻贫困的根本在于逐步提高贫困地区贫困人口的综合素质，这是脱贫攻坚的关键所在。在我国，尤其是集中在一起的连片特困地区和国家扶贫开发工作重点地区等经济社会发展相对滞后的地区，教学条件相对较差，教师队伍流失严重，学生辍学率相对较高，仍然是义务教育事业发展的薄弱环节，需要进一步加大关注力度、支持力度、投入力度，需要充分考虑贫困地区的地理环境、经济状况、民族生活、文化特点、发展优势等因素，需要教育、财政、民政等部门完善配套制度的有效保障，需要考虑建立国家和地方管理部门上下联动的工作机制，建立健全系统完备、高效运转的资源配置机制。

2. 主观思想情绪相对消极

贫困地区贫困村普遍受自然条件限制，经济发展和教育发展相对滞后。长期处在这种发展态势下，年轻人为寻找发展机会，通过外出务工等方式流失严重，留守人口普遍年龄偏高、文化素质偏低。此外，受国家诸多惠农政策的实施和社会各界的捐助，一部分贫困群众出现了“等、靠、要”的思想，开始安于现状、不思进取、顽固僵化，没有发展动力，不愿积极就业，一心想吃低保，享受国家救助，甚至出现扶贫队员下村走访、贫困群众主动索要财物的现象。这种安于现状的生活方式、一成不变的思维模式和顽固不化的观念意识成为农村贫困人口在穷困潦倒中挣扎煎熬的最主要原因。加之受自然条件限制，部分贫困群众脱贫致富的自信心不足，主动发展的积极性不高。

3. 扶贫工作合力相对分散

教育是复杂的系统工程，教育扶贫也不例外，需要整合政府、学校、社会、用工单位等力量，构建协同推进扶贫工作的合力。目前，不同力量处于分散状态，各成体系，相互之间缺少沟通协调，存在着各行其是、各自为政的现象，各吹各的号，各唱各的调。由于缺乏有效沟通与协调，许多教育投入没有经过充分的调研论证，造成项目繁多、投入分散、指向不明、针对性不强等问题，使教育扶贫起不到应有的作用，扶贫效果不能实现最大化。消除贫困是一场持久战，也是一场攻坚战。只有整合力量，构建协调联动工作机制，充分发挥政府和社会各方力量的作用，形成全社会广泛参与的脱贫攻坚格局，才能促使各方资源的效益最大化，提升教育扶贫效果。

4. 扶贫措施手段相对单一

进入新时代后，教育扶贫已从单纯建几所学校、解决贫困儿童上学转向提高贫困地区教育质量、改善教育环境、提升基础教育水平、稳定教育师资队伍等方面。随着教育扶贫工作的深入开展，不同类型的学校、不同类型的学生面临着不同的问题。例如有的学校校舍修建得很好，但学生很少；有的学校学生很多，但师资很少；有的学校师资不少，但留不住人；有的教育扶贫只是帮助解决因教致贫家庭的学费，而没有将教育与就业结合在一起，没有将人力资本积累、产业配置与当地的扶贫项目结合在一起。这些问题反映出扶贫措施手段相对单一，在治标的问题上有所作为，在治本的问题上深度不够。推进教育扶贫工作，就要纠正“教育扶贫就是教育资助、教育扶贫就是给点钱”的狭隘观点，除教育资助、增加教育投入以外，教育扶贫的内涵更应包括教育质量提升、师资队伍建设、贫困地区孩子有条件接受优质高等教育机会等内容。

三　新时代贫困地区教育扶贫的适用原则

教育是国之大计、党之大计。教育扶贫，扶的是智力、扶的是思想、扶的是能量、扶的是未来。推进新时代教育扶贫工作，让每个孩子都能够享有公平而有质量的教育，让每个人都有人生出彩的机会，必须坚持问题导向、坚持标本兼治、坚持协调联动、坚持守正创新，使教育扶贫成为彻底稳定脱贫的重要推手。

1. 坚持问题导向

问题是时代的声音。纵观人类发展历史，一切发展进步无不是在破解时代问题中实现的。习近平总书记指出：“学习掌握事物矛盾运动的基本原理，不断强化问题意识，积极面对和化解前进中遇到的矛盾。……问题是事物矛盾的表现形式，我们强调增强问题意识、坚持问题导向，就是承认矛盾的普遍性、客观性，就是要善于把认识和化解矛盾作为打开工作局面的突破口。”[①]

① 习近平：《辩证唯物主义是中国共产党人的世界观和方法论》，《求是》2019年第1期，第6页。

当前，精准扶贫已进入啃硬骨头、攻坚拔寨的冲刺期，在党中央的正确领导和各级教育部门的精心组织推进下，我国的扶贫工作已经取得了巨大成果，同时也积累了许多宝贵的经验，但也还余下一些连片特贫地区“最难啃的硬骨头”，攻下这些硬骨头，取得最后胜利，成为新时期扶贫工作的重中之重。“啃下硬骨头”，对连片特贫地区“对症下药，药到病除”，最关键的是要坚持问题导向，聚焦重点领域和薄弱环节，以问题为突破口，把问题作为前进的起跳点，把解决问题作为前进的动力源，列出问题清单，摆出表现事例，深刻剖析原因，增强政策措施的针对性，集中突破重点难点。问题无处不在、无时不有，关键在于敢不敢于正视问题，善不善于发现问题，只有找准难点、痛点、关键点，从解决贫困群众对接受教育最迫切、最关键、最突出的问题入手，才能以点带面推动教育发展和社会进步。

2. 坚持标本兼治

古人云，“善治病者，必医其受病之处；善救弊者，必塞其起弊之源”。治标与治本是教育扶贫的两种基本路径，两者各有侧重，相辅相成，缺一不可。治标为治本赢得时间、创造条件，治本为治标巩固成果、根除病源。扶贫工作要标本兼治，不仅要在短时期内消除贫困地区存在的贫困现象，更要铲除滋生贫困的根源，让贫困地区与困难群众生成脱贫致富的内在动力。突出标本兼治，是深化教育扶贫的必经途径。以治标为先导，为教育扶贫开辟道路、创造条件、树立信心；以治本为归宿，为教育扶贫构筑根基、巩固成果、内源发展。教育扶贫历史和实践经验证明，割裂治本与治标内在联系，片面强调治本或治标的重要性，都将难以取得理想效果。教育扶贫不仅仅是通过教育帮助贫困群众和贫困地区解决教育贫困问题，其最终目的是追求教育公平，通过教育扶贫实现对社会公平正义的价值追求。实现这一目标必须从治标入手，从治本着眼，凝聚一切可以凝聚的力量，采取一切可以采取的措施，实行对症下药、靶向治疗，以强势治标推进深层治本，以治本之策巩固治标效果，使治标与治本相互融合、互动发力，打赢脱贫攻坚这场硬仗。

3. 坚持协调联动

古人云："能用众力，则无敌于天下；能用众智，则无畏于圣人。"教育扶贫工作任务繁重，涉及方方面面，牵一发而动全身，必须树立全局观念，建立多方联动助力机制，确保各要素有效协同，有序高效运转。习近平总书记强调："造成各地深度贫困的原因各不相同，集中优势兵力打歼灭战要从各地实际出发，充分发挥我们集中力量办大事的制度优势。"[①] 目前，教育扶贫工作在国务院扶贫开发领导小组统一领导下，已经建立了协调教育部、人社部、民委、民政部等国务院行政部门，实行分级分层管理、依托地方为主、注重政府统筹、推动社会参与的协调运作机制。但教育扶贫体系与企业、社会组织和个人等的联系缺乏统一的协调机制，扶贫工作存在零散化现象，无法实现区域教育扶贫协同发展。破解教育扶贫工作的难题，打通教育扶贫"最后一公里"，还需要加强教育脱贫与整体脱贫攻坚工作的联系，增进部门间协同，增进部门间教育脱贫数据、项目、资源共享，脱贫政策执行、效果评估的协同，确保区域集中、项目集中、投入集中、效益集中，确保资源整合、统筹规划、渠道不乱、任务不变、各司其职、各记其功，形成上下联动、齐抓共管的工作格局，为地方经济社会发展提供人才资源支撑，为贫困地区实现经济增长、脱贫致富提供内生动力。

4. 坚持守正创新

知常明变者赢，守正创新者进。推动教育扶贫工作，"守正"是基础，"创新"是关键。"守正"就是要坚守教育扶贫初心，充分认识教育扶贫追求的是社会主义公平正义的核心价值，在"守"教育起点之正、"守"教育过程之正、"守"教育结果之正中，着力实现贫困地区和贫困人口的教育分配正义和关系正义。"创新"就要破除固化思维模式，充分认识教育扶贫在经济社会发展中的重要促进作用，在"创"思维理念之新、"创"方式方法之新、"创"体制机制之新中，统筹推进学前教育、义务教育、高中教育、高等教育、职业教育、继续教育和特殊教育发展，以此来全力全面提升贫困

① 习近平：《习近平谈治国理政》（第二卷），外文出版社，2017，第 88 页。

地区教育发展水平。概言之，完成教育扶贫的使命任务，既有“守正”的要求，也有“创新”的课题。只有坚持守正创新，充分认识到教育扶贫在国家扶贫战略中的根本性作用，有针对性地辅之以切实可行的措施，改变贫困地区群众的教育观、人才观，才能切实保障社会公平正义的结果公平原则。

四　新时代贫困地区教育扶贫的路径探索

学习改变命运，教育成就未来，知识助推成功。做好教育扶贫这篇大文章，确保教育在提升农村劳动力素质、阻断贫困代际传递、助推脱贫攻坚等方面发挥成效，必须在精准定位、精准投入、精准资助、精准就业、精准师资、精准信息等方面下功夫，以良好的教育提高劳动者素质，提高劳动生产率，为区域经济社会发展提供有力的人才保障和智力支撑。

1. 精准定位，确立教育优先发展战略思想

习近平总书记指出：“建设教育强国是中华民族伟大复兴的基础工程，必须把教育事业放在优先位置，深化教育改革，加快教育现代化，办好人民满意的教育。”[①] 精准扶贫重要论述是中国特色扶贫治理的指导性思想，推进教育精准扶贫是脱贫攻坚的重要任务。完成这一重要使命就要深入学习贯彻习近平总书记关于教育工作的重要论述，尤其要全面贯彻落实全国教育大会精神，坚持教育优先发展战略，积极推进贫困地区教育优先发展，从顶层设计谋划解决贫困地区教育如何布局、如何合理设置、如何加大教育投入等一系列问题，切实在国家政策制定上、国家财政支持上、国家项目设置上保障贫困地区教育优先发展，以前所未有的力度解决贫困地区教育问题，全力促进贫困地区教育事业持续健康发展。落实到具体工作中，要进一步梳理教育问题，具体问题具体分析，增强教育扶贫的针对性和实效性。

① 习近平：《决胜全面建成小康社会　夺取新时代中国特色社会主义伟大胜利——在中国共产党第十九次全国代表大会上的报告》，人民出版社，2017，第 45 页。

2. 精准投入，缩小贫困地区教育发展差距

教育的投入力度决定着教育的发展速度。我国教育短板突出，主要分布在西部地区、农村地区、老少边穷岛地区，最明显的问题不是硬件保障问题，也不是经费投入问题，而是教育质量低水平循环的问题。解决教育脱贫问题，让每个孩子通过教育改变命运、改变人生，就要持续加大对贫困地区的支持力度，不断增加教育投入，不断改善办学条件，不断提升办学质量，不断提高办学水平，不断缩小贫困地区义务教育、高中阶段教育校际、城乡差距。同时，要加强教育改革，做好统筹规划，将农村贫困地区各级各类教育当作一个整体来谋划、来设计、来推进，不顾此失彼、不失之偏颇，既追求教育起点公平又追求教育过程公平，在精准、精确、精细和公平、公开、公正中让贫困地区获得更大的发展空间，拥有更多的优质教育资源，使教育公平这一崇高理念落地生根，成为实实在在的社会现实。

3. 精准资助，全力全面遏制因贫失学现象

教育公平是社会公平的重要基础，贫困学生资助是促进教育公平的重要举措。无论是在偏远山村还是在繁华都市，孩子们幸福的笑脸、老百姓真切的获得感，都是教育公平最直观、最生动的体现。“不让一个学生因家庭经济困难而失学”的承诺不是一个口号，而是事关国家发展、民族兴衰的“百年大计”，是寄托亿万家庭对美好生活期盼的民生工程。强化学生精准资助，就是要不断完善学生资助政策体系，实现所有学段不能少、公办与民办学校不能少、家庭经济困难学生不能少，为贫困学生织起一张牢不可破的“兜底网”，为家庭经济困难学生顺利入学、完成学业奠定坚实基础。强化学生精准资助，还应该强化资助育人的工作理念。资助帮扶是手段，育人才是目的。教育的根本任务是培养人，资助是教育的重要内容，同样担负着培养人的使命。资助育人就要深度挖掘资助的价值内涵，着力在帮扶人中教育人、引导人，使受助者自助、受助者感恩、受助者成长。

4. 精准就业，不断增强贫困家庭造血功能

就业关乎人民群众的切身利益，关乎经济发展和社会和谐稳定，一直是党和政府高度关注的重大问题。习近平总书记指出：“党和国家要实施积极的就业政策，创造更多就业岗位，改善就业环境，提高就业质量，不断增加劳动者特别是一线劳动者劳动报酬。"① 受新冠肺炎疫情影响，2020 年就业形势更趋复杂，就业任务十分艰巨繁重，如何保障就业是当前的一项重要任务。一是要摸清底数，分门别类建立就业帮扶工作台账和建档立卡数据库，通过"送岗位、送信息、送政策、送服务"等对接方式，加大就业帮扶力度；二是要加强培训，探索"需求—培训—鉴定—就业—再提升"的培训模式，着力提高职业素养和就业能力；三是要全面落实国家、省、市就业扶贫方针政策，坚持"帮、包、保"就业联动援助制度，对零就业家庭、孤儿、残疾人、城乡低保家庭、在校期间已获得国家助学贷款的毕业年度毕业生给予就业创业补贴，提供精准就业帮扶服务。

5. 精准师资，确保贫困家庭孩子学有所教

教师是立教之本、兴教之源。习近平总书记指出："教师承担着传播知识、传播思想、传播真理的历史使命，肩负着塑造灵魂、塑造生命、塑造人的时代重任，是教育发展的第一资源，是国家富强、民族振兴、人民幸福的重要基石。"② 精准师资，就是要统筹实施《教师教育振兴行动计划（2018—2022 年）》，坚持师范院校的师范主业不动摇，加大对师范院校支持力度，鼓励有基础的综合性大学举办教师教育，分类推进教师培养模式改革，加大公费定向师范生培养力度，特岗计划、国培计划向贫困地区基层倾斜，优化乡村教师队伍结构，不断提升教师培养质量，持续为教育扶贫供给优秀师资。围绕效能优化，推进基层教师轮岗交流，采取定期交流、跨校任教、综合管理、对口帮扶等多种途径和方式，引导优秀骨干教师自愿到乡村学校支教奉献。改善贫困地区教师待遇，鼓励和支持建立教师队伍建设专项基金，加大对教师队伍建设的支持力度，改善贫困地区教师福利待遇和工作环境，确保贫困地区乡村学校下得去、留得住、教得好。要与全国各地高

① 习近平：《在庆祝"五一"国际劳动节暨表彰全国劳动模范和先进工作者大会上的讲话》，人民出版社，2015，第 7~8 页。

② 习近平：《坚持中国特色社会主义教育发展道路 培养德智体美劳全面发展的社会主义建设者和接班人》，《人民日报》2018 年 9 月 11 日。

校，尤其是师范类院校进行紧密合作，加大宣传力度，让更多优秀大学毕业生认识到贫困地区教育工作的重要性，并投身于教育精准扶贫工作中。加大宣传力度，积极开展“最美乡村教师”评选表彰活动，广泛宣传扎根基层做奉献的典型事迹，热情讴歌敬业奉献的崇高精神，大力营造关心支持乡村教师和乡村教育的浓厚氛围。

6. 精准信息，弥平贫困地区数字技术鸿沟

信息技术与教育扶贫的结合是有效弥补农村教育资源不足、优质人才缺乏的重要手段。实践证明，以智能手机、平板电脑、互联网为代表的新媒介技术优势就在于冲破地域，随时随地获取海量的优质教育资源，进而有效提升受教育者自身的学习能力和就业技能。精准信息就是要加快推进教育信息化建设，促进优质教育资源共建共享，不断实现信息技术与教育教学的深度融合，以贫困地区教育信息化推动贫困地区教育发展现代化。加大现代信息技术应用，对接建档立卡贫困人口数据库，建设学龄人口就学和资助状况数据库，加强动态跟踪，为保证贫困学龄人口应学尽学、应助尽助提供技术支撑。运用“互联网+”和“课堂+”思维，推进网络课堂的建设与应用，将发达地区优质教学资源与贫困地区教育教学沟联对接起来，构建成一体化网络帮扶群，与贫困地区分享优质教育资源，全面提升教育教学质量。同时，要优化数字化的学习环境，帮助贫困地区学生改变现有的学习方式，通过数字化手段让贫困地区学生更便捷、更全面、更高效地学习科学文化知识，帮助他们更好地成长、成才。

· 调查研究 ·

可持续生计视角下民族地区绿色减贫评估

——基于55个民族自治县（旗）的研究*

张　琦　史志乐**

【摘　　要】本文基于可持续生计理论，构建民族地区绿色减贫指数，对我国55个民族自治县（旗）进行了评估。评估结果显示，我国民族自治县（旗）的绿色减贫整体情况在全国区县中处于中等水平，民族地区的区县拥有较丰富的绿色生态资源，为绿色减贫提供了基础。但是当前民族地区具备的资源优势尚未完全释放，绿色减贫意识仍有待提升；绿色产业发展体系尚未完全构建，绿色减贫动力仍显不足；脱贫攻坚与保护环境矛盾依然存在，绿色减贫创新仍显乏力。为此需要进一步强化民族地区绿色减贫理念，探索绿色产业化与产业绿色化途径，积极完善民族地区生态补偿机制，构建绿色减贫的考核评价体系。

【关 键 词】民族地区　可持续生计　绿色减贫

* 本文是教育部哲学社会科学重大课题攻关项目“贫困治理效果评估机制研究”（项目号：16JZD025）阶段性成果。

** 张琦，经济学博士，主要从事农村经济、绿色减贫研究。史志乐，经济学博士，主要从事发展经济学、扶贫脱贫研究。

习近平总书记强调，“到2020年全面建成小康社会，任何一个地区、任何一个民族都不能落下”。党的十九大报告强调，要“铸牢中华民族共同体意识”。脱贫攻坚期，铸牢中华民族共同体意识的最直接、最具体的表现就是确保脱贫奔小康的路上“一个民族都不能少”。当前民族地区贫困人口数量多、贫困发生率高、贫困程度深、贫困原因复杂，深度贫困的“三区三州”都在民族地区，民族地区成为我国脱贫攻坚的重中之重、坚中之坚。民族地区如何如期稳定脱贫，如何实现消除贫困和保护环境的双赢成为当前迫切需要解决的现实问题。在习近平生态文明思想和习近平扶贫论述的新理念新思想新战略的指引下，现阶段应该把绿色发展理念贯穿扶贫脱贫全过程，以绿色减贫推动精准扶贫，最终实现贫困地区持续发展和贫困地区群众精准脱贫。绿色减贫正好契合了“保护生态就是保护生产力”“绿水青山就是金山银山”的理念，在适度开发、减少贫困的同时，为贫困地区留足持续发展的生态资本，走出了一条发展经济、消除贫困、优化环境的新道路。本研究基于可持续生计理论，构建绿色减贫指数，对我国55个民族自治县（旗）进行评估，以期为民族地区绿色减贫提供参考和借鉴。

一 可持续生计理论及相关研究

“可持续生计”（sustainable livelihoods，SL）一词最早是在布伦特兰委员会1987年对世界环境和发展委员会所做的报告中提出的。1992年，联合国环境和发展大会将此概念纳入行动议程，主张把稳定的生计作为消除贫困的主要目标。可持续生计分析框架是对与农户生计，特别是贫困问题有关的复杂因素进行分析的一种方法。目前，使用较多的可持续生计分析框架主要有联合国开发计划署（UNDP）的可持续生计分析框架、国际救助组织（CARE）的可持续生计分析框架和英国国际发展局（DFID）的可持续生计分析框架。UNDP的可持续生计分析框架强调外部环境和干预对可持续生计的影响，在此基础上建立一整套的指标体系来监测生计的可持续性和安全性，这些指标包括：（1）可持续生计政策和规划所投入的资源；（2）来自可持续生计政策和规划的实物产品和服务的产出；（3）上述产出被享用的程度；（4）人们生活得到改善的程度；（5）利用投入以获得上述产出、成果和影响的路径。DFID 在《可持续生计指南》中提出的可持续生计框架是一种对贫困农户的可持续生计进行规范化和系统化的研究方法，由人力资本、金融资本、社会资本、物质资本和自然资本构成的生计资产五边形是该可持续生计框架的核心内容；贫困农户可以通过使用某种资产或多种资产组合来优化其生计策略，实现积极的、可持续的生计产出，从而改变其贫困状况。可持续生计分析方法将农户的贫困放在动态的环境中做综合考察，目的是提高农户的可持续生计能力，这种分析方法改变了将贫困看作经济问题的狭隘归类，与精准扶贫的理念高度契合。

近年来国内的学者围绕可持续生计理论，结合我国贫困地区发展实际情况展开了研究。张耀文、郭晓鸣基于可持续性生计框架的考察表明，随着精准扶贫战略的实施，中国反贫困虽取得重大进展，但仍存在可持续性不足的隐忧，主要表现在生计环境有效改善，但仍潜藏着致贫返贫风险；生计资本大幅增加，但仍存在结构性失衡的情况；生计选择有效拓展，但仍受多重因素限制。[①] 李靖、廖和平采用综合评价法从县域尺度上评价区域贫困农户生计能力，借助象限图法和耦合协调度模型划分区域贫困农户生计能力与生态环境水平关系类型，发现重庆市 16 个扶贫开发工作重点区县中仅 3 个区县的相互关系为协调发展类，其余 13 个为过渡类和失调衰退类，多数区县当前在处理贫困治理和生态环境保护的关系方面暂无有效的双赢模式。[②] 袁梁等利用可持续生计分析方法对陕西省国家重点生态功能区生态补偿政策、居民的生计资本和可持续生计能力进行了分析，结果表

① 张耀文、郭晓鸣：《中国反贫困成效可持续性的隐忧与长效机制构建——基于可持续生计框架的考察》，《湖南农业大学学报》（社会科学版）2019 年第 1 期，第 62~69 页。

② 李靖、廖和平：《区域贫困农户生计能力与生态环境的关系——以重庆市 16 个区县为例》，《中国农业资源与区划》2018 年第 9 期，第 175~182 页。

明生态补偿政策对可持续生计能力具有显著的直接影响。[①] 曹诗颂等以14个连片特困区714个贫困县为例，基于敏感性-恢复力-压力度（SRP）的概念模型，构建生态脆弱性评价指标体系，认为连片特困区脆弱生态环境与经济贫困共生共存，应充分考虑“胡焕庸线”对于我国贫困东西格局划分和减贫的影响，通过保护地区生态环境来达到减少经济贫困的目的。[②] 段伟等通过建立生计资本和自然资源依赖度评估指标，评估了不同生计资本下农户的自然资源依赖度，发现户主受教育程度越低和身体状况越差的家庭，对自然资源的依赖度越高；农业收入占家庭比重越高的农户对自然资源的依赖度越高；家庭总收入和家庭人均收入越高的农户对自然资源的依赖度越低。换言之，家庭越贫困、生计越脆弱的农户对自然资源的依赖度越高。[③] 总体来看，目前学界借鉴国外可持续生计的研究框架，结合本土的案例进行了探索性的研究，但是聚焦绿色减贫的不多，特别是针对民族地区绿色减贫的研究较为缺乏。

二　可持续生计视角下民族地区减贫现状

提高贫困人口的谋生能力，帮助扶贫对象建立可持续生计，实现贫困地区稳定持续脱贫是我国贫困治理的最终目的和意义。民族地区因其特殊的人力资本、金融资本、社会资本、物质资本和自然资本条件，在构建可持续生计过程中面临着巨大挑战，为此需要综合考量其减贫现状和背景。我国民族地区占全国陆地国土面积的64%，拥有全国75%的草原面积、44%的森林面积以及66%的水资源，天然地拥有丰富多样的“绿水青山”

① 袁梁、张光强、霍学喜：《生态补偿、生计资本对居民可持续生计影响研究——以陕西省国家重点生态功能区为例》，《经济地理》2017年第10期，第188~196页。

② 曹诗颂、王艳慧、段福洲、赵文吉、王志恒、房娜：《中国贫困地区生态环境脆弱性与经济贫困的耦合关系——基于连片特困区714个贫困县的实证分析》，《应用生态学报》2016年第8期，第2614~2622页。

③ 段伟、任艳梅、冯冀、温亚利：《基于生计资本的农户自然资源依赖研究——以湖北省保护区为例》，《农业经济问题》2015年第8期，第74~82、112页。

生态资源。我国14个集中连片特困地区，有11个片区位于民族八省区或者包含民族自治行政区的地方；全国120个自治县（旗），有85个国家级贫困县；中央确定的深度贫困“三区三州”都在民族地区。民族地区贫困人口数量多、贫困发生率高、贫困程度深、贫困原因复杂，发展基础和底子薄弱，许多贫困户脱贫后又出现返贫现象。当前脱贫攻坚已进入深水期和关键期，打赢民族地区脱贫攻坚战，成为坚中之坚、难中之难、重中之重。

据统计，2017年民族八省区农村贫困人口减至1032万人，比2016年减少379万人；贫困发生率降至6.9%，比2016年下降2.4个百分点（见表1）；减贫速度为26.9%，比2016年加快4.8个百分点。2017年民族地区经济发展实现稳步发展，民族八省区全年实现生产总值84899亿元，同比增长7.6%，高于全国0.7个百分点。除内蒙古外，其他7省区增速均高于全国平均水平。贵州、西藏和云南的GDP增速位列全国前三，分别为10.2%、10%和9.5%。民族八省区全社会固定资产投资总额为88730亿元，增长11.8%，高于全国4.6个百分点。城乡居民收入普遍提高，城镇常住居民人均可支配收入达31553元，增长8.4%；农村常住居民人均可支配收入10442元，增长9.2%。可以看出，在精准扶贫精准脱贫战略下，我国民族地区减贫工作已经取得了一定成绩，为民族地区可持续发展打下了基础。步入脱贫攻坚倒计时和冲刺期，必须进一步发挥民族地区的优势，构建可持续脱贫动能，推进民族地区绿色减贫，确保少数民族和民族地区与全国一道如期实现脱贫。

表1　我国民族八省区贫困发生率（2010~2017年）

单位：%

地区	2010年	2011年	2012年	2013年	2014年	2015年	2016年	2017年
全国	17.2	12.7	10.2	8.5	7.2	5.7	4.5	3.1
民族八省区	34.1	26.5	20.8	17.1	14.7	12.1	9.3	6.9
内蒙古	19.7	12.2	10.6	8.5	7.3	5.6	3.9	2.7

续表

地区	2010年	2011年	2012年	2013年	2014年	2015年	2016年	2017年
广西	24.3	22.6	18	14.9	12.6	10.5	7.9	5.7
贵州	45.1	33.4	26.8	21.3	18	14.7	11.6	8.5
云南	40	27.3	21.7	17.8	15.5	12.7	10.1	7.5
西藏	49.2	43.9	35.2	28.8	23.7	18.6	13.2	7.9
青海	31.5	28.5	21.6	16.4	13.4	10.9	8.1	6
宁夏	18.3	18.3	14.2	12.5	10.8	8.9	7.1	4.5
新疆	44.6	32.9	25.4	19.8	18.6	15.8	12.8	9.9

注：数据来源于家民委经济发展司。

三　民族地区绿色减贫的指数评价

可持续生计视角下民族地区绿色减贫要从民族地区实际出发，将自然的客观性与人类的能动性相结合，因地制宜、分类指导、精准施策，在认识中寻开发，在保护中求发展，在开发中促保护，环环相扣，有机统一，力图实现民族地区可持续发展。本文在此背景下，借鉴联合国开发计划署的人类发展指数（HDI）和可持续生计指标，构建了民族地区绿色减贫评估体系，并对除西藏、四省藏区以及新疆南疆三地州以外11个集中连片特困地区的55个民族自治县（旗）进行了评估。

（一）指标构建

经过数轮专家咨询与讨论，本文确定了经济增长绿化度、资源利用与环境保护程度、社会发展能力、扶贫开发与减贫效果等4个一级指标；根据指标属性和数据可得性，每个一级指标下设二级指标，其中经济增长绿化度、社会发展能力、扶贫开发与减贫效果分别下设6个二级指标，资源利用与环境保护程度下设3个二级指标，最终共计21个二级指标（见表2）。

表 2　民族地区绿色减贫评估指标及权重

一级指标	权重	二级指标	权重	指标类型
经济增长绿化度	28.57%	人均地区生产总值	4.76%	正
		单位地区生产总值能耗	4.76%	逆
		单位地区生产总值二氧化硫排放量	4.76%	逆
		土地产出率	4.76%	正
		工业固体废物综合利用率	4.76%	正
		第三产业增加值比重	4.76%	正
资源利用与环境保护程度	14.29%	人均森林面积	4.76%	正
		森林覆盖率	4.76%	正
		单位耕地面积化肥施用量	4.76%	逆
社会发展能力	28.57%	农村恩格尔系数	4.76%	逆
		城乡收入比	4.76%	逆
		新型合作医疗参合率	4.76%	正
		有卫生室行政村比例	4.76%	正
		新型农村养老参保率	4.76%	正
		高中阶段教育毛入学率	4.76%	正
扶贫开发与减贫效果	28.57%	贫困人口占总农村人口比重	4.76%	逆
		农村人均纯收入增长率	4.76%	正
		通电自然村比重	4.76%	正
		通路自然村比重	4.76%	正
		有效灌溉面积占基本农田面积比重	4.76%	正
		实现安全饮水人数比重	4.76%	正

（二）计算方法

本研究构建的民族地区绿色减贫评估指标体系主要基于民族地区发展实际，产生的绿色减贫指数是衡量我国民族地区绿色减贫水平的一个直观表征。在确立民族地区绿色减贫评估体系的框架和指标之后，需要进一步确定以下几个主要内容：一是如何对指标进行同向化处理；二是如何对指标进行标准化处理；三是如何实现数据的标准化采集；四是如何确定各个指标的权重。

1. 指标体系中指标同向化处理方法

民族地区绿色减贫指标是对所有评价指标数据进行合成的相对数。民族地区绿色减贫指数值是在各评价指标标准化数值的基础上，按照事先赋予的权数，加权综合而成。对于正向和逆向指标的处理，在评价指标中，与民族地区绿色减贫水平正相关的指标为正指标，无须进行同向化处理；而与民族地区绿色减贫负相关的指标为逆指标，我们采用倒数法、最大值相减法、定值相减法等方法对其进行了正向化处理。

2. 指标体系中指标标准化处理方法

数据的标准化是将数据按比例缩放，使之落入一个较小的特定区间。这样去除数据的单位限制，将其转化为无量纲的纯数值，便于不同单位或量级的指标进行比较和加权。其中，最典型的方法就是“极差法”和“标准差法”。“极差法”是以指标数据的极值为参照系，对原始数据进行线性变换，使结果落到0至1的区间内。“标准差法”是以指标数据的均值为参照系，经过处理后的数据符合标准正态分布，即均值为0，标准差为1。“标准差法”具有较强的科学性且能直观展现数据结果，指标数值小于0表示低于平均水平，大于0表示高于平均水平。然而，该方法在使用过程中经常会出现两个问题：一是标准化后的数值分布区间分散，最大值和最小值差异较大；二是会出现数值大于1或小于-1的情况。而采用“极差法”进行数据标准化时，标准化后的数值结果始终处于0至1的区间内，数值之间差异较小，分布紧凑，且无负值产生。

经过课题组数次研讨以及对不同方法、模型的尝试和测算验证，借鉴北京师范大学中国绿色发展研究课题组做法，我们也采用了通用性更强、实际操作更简便、指标的数学理论含义更清晰的创新型“定基极差法”来进行各级基础指标的数值测算。为实现指标的横向（空间）、纵向（时间）的全向可比性，“定基极差法”以某特定年为基准年，以类似标准极差法的数学形式实现二级基础指标的无量纲标准化转换，并在此基础上，以事先确定的各指标权重，通过逐级加权平均的方法计算最终的省、城市及区域的综合指数。其数学表达形式为：

$$C_k^t = \frac{V_k^t - V_{k,\min}^{t_0}}{V_{k,\max}^{t_0} - V_{k,\min}^{t_0}} \tag{1}$$

式（1）中，C_k^t 表示第 k 个三级指标在 t 年依据“定基极差法”计算的无量纲指标值；$V_k^{t_0}$ 为该三级指标在 t 年的原始测度值；$V_{k,\max}^{t_0}$为该指标在 t_0 基准年所有省（或城市）的原始测度值中的最大值；$V_{k,\min}^{t_0}$为该指标在 t_0 基准年所有省（或城市）的原始测度值中的最小值。

依式（1）求算获得各二级指标无量纲化标准测度值后，可根据逐级加权平均法求算一级指标值：

$$B_j^t = \sum W_{jk} C_{jk}^t \tag{2}$$

式（2）中，B_j^t 表示第 j 个一级指标在 t 年的测度值；C_{jk}^t表示该一级指标 j 所属的第 k 个二级指标在 t 年依据“定基极差法”计算的无量纲指标值；W_{jk}为该二级指标在相应一级指标 j 的组内权重，显然，$\sum_{k=1}^{n} W_{jk} = 1$。

式（3）中，A^t 表示一级指标在 t 年的测度值（就各地区而言，只有一个一级指标产生，为该自治县的绿色减贫综合指数）；B_j^t 表示第 j 个一级指标在 t 年的测度值；W_j 为该第 j 个一级指标的权重，显然 $\sum_{j=1}^{n} W_j = 1$。

$$A^t = \sum W_j B_j^t \tag{3}$$

“定基极差法”解决了基于传统标准化方法横、纵向指标不可比的难题，新指标具有跨区域、跨年度、时空二维可比性。当计算某年各地区的绿色减贫指数时，依据传统的标准差标准化方法计算的各二级指标是基于该指标在该年内各地行政村原始测度的平均值与标准差为参考系测得。由于该参考系随着年份的变化而变化，基于年度变动的参考系所计算的各二级指标值在跨年度比较时不具有可比性，进而由加权平均所得的某地区各年的绿色减贫指数无法真实反映该地绿色减贫的变化水平，仅能反映各地在该年相对的横向（空间）优劣程度。而采用“定基极差法”所计算的各三级指标以及由此整合的二级指标和一级指标，由于采用特定基准年的定值测度为统一参考系，且各指标具有预定的固定权重值，各级指标的度量值能真实地反映区域间、年度间绿色减贫水平的差异，使指标具有跨区域、跨年度、时空二维可比性。通过“定基极差法”，可以在来年测算绿色减贫指数时，实现数据年度间的横纵向比较。

3. 数据标准化采集

民族地区绿色减贫指标体系通过计算总指数和分指数方法监测评价各民族自治县（旗）绿色减贫的总体情况及各个要素的情况。课题组选择用多级综合方法，将各项反映绿色减贫基本特征的指标转化为综合反映民族地区绿色减贫的总指数。为确保测度结果的客观公正，所有指标口径概念均与国家统计局相关统计制度保持一致，各自治县（旗）数据从统计年鉴、统计公报等中提取。在本研究的表和图中，凡是原始数据表均标注了出处；指标结构表和测算表均为课题组自行编列，不再一一标明出处。

4. 指标权重设置

鉴于各指标要素的影响和作用颇不相同，为保证指数测度的客观，课题组在认真研究国内外相关研究成果的基础上，组织专家对指标体系进行了论证和遴选，并采用“德尔菲法”进行权重分配。首先对所有的二级指标采取均权的方法，二级指标的权重统一为4.76%，然后由下往上，计算出一级指标的权重，经济增长绿化度的权重为28.57%，资源利用与环境保护程度的权重为14.29%，社会发展能力的权重为28.57%，扶贫开发与减贫效果的权重为28.57%。

（三）结果分析

根据民族地区绿色减贫指数指标体系，本文测算了2014年除西藏、四省藏区以及新疆南疆三地州外11个集中连片特困地区中的55个民族自治县（旗）的“绿色减贫指数”，这55个民族自治县（旗）主要分布于大兴安岭南麓山区、燕山-太行山片区、六盘山片区、秦巴山片区、乌蒙山片区、滇西边境片区、武陵山区（见表3）。在指标原始值基础上，本文按照前述指标体系和相关计算方法得出55个民族自治县（旗）绿色减贫相关指数的结果（见表4）。

表3　民族地区绿色减贫评估对象——55个民族自治县（旗）

片区	省份	自治县（旗）
大兴安岭南麓山区	内蒙古	科尔沁右翼前旗、科尔沁右翼中旗、扎赉特旗
燕山-太行山片区	河北	丰宁满族自治县、围场满族蒙古族自治县
六盘山片区	青海、甘肃	互助土族自治县、循化撒拉族自治县、民和回族土族自治县、化隆回族自治县、张家川回族自治县、积石山保安族东乡族撒拉族自治县、东乡族自治县
秦巴山片区	四川	北川羌族自治县
乌蒙山片区	云南、四川、贵州	禄劝彝族苗族自治县、寻甸回族彝族自治县、马边彝族自治县、威宁彝族回族苗族自治县
滇西边境片区	云南	玉龙纳西族自治县、漾濞彝族自治县、南涧彝族自治县、巍山彝族回族自治县、孟连傣族拉祜族佤族自治县、贡山独龙族怒族自治县、宁洱哈尼族彝族自治县、镇沅彝族哈尼族拉祜族自治县、双江拉祜族佤族布朗族傣族自治县、景东彝族自治县、耿马傣族佤族自治县、宁蒗彝族自治县、兰坪白族普米族自治县、西盟佤族自治县、江城哈尼族彝族自治县、墨江哈尼族自治县、沧源佤族自治县、澜沧拉祜族自治县、金平苗族瑶族傣族自治县、景谷傣族彝族自治县
武陵山区	湖南、湖北、贵州、重庆	靖州苗族侗族自治县、通道侗族自治县、芷江侗族自治县、新晃侗族自治县、城步苗族自治县、麻阳苗族自治县、五峰土家族自治县、长阳土家族自治县、玉屏侗族自治县、道真仡佬族苗族自治县、印江土家族苗族自治县、务川仡佬族苗族自治县、沿河土家族自治县、松桃苗族自治县、彭水苗族土家族自治县、秀山土家族苗族自治县、石柱土家族自治县、酉阳土家族苗族自治县

表 4 55 个民族自治县（旗）绿色减贫一级指标得分及在全国片区贫困县中的排名情况

片区	省份	自治县（旗）	绿色减贫指数		经济增长绿化度		资源利用与环境保护程度		社会发展能力		扶贫开发与减贫效果	
			指标值	排名	指标值	排名	指标值	排名	指标值	排名	指标值	排名
大兴安岭南麓山区	内蒙古	科尔沁右翼中旗	0. 369	35	0. 067	147	-0. 038	342	0. 115	89	0. 225	3
		科尔沁右翼前旗	0. 18	134	0. 013	247	0. 028	151	-0. 004	269	0. 143	39
		扎赉特旗	0. 113	184	-0. 081	377	-0. 089	438	0. 144	60	0. 139	44
滇西边境片区	云南	玉龙纳西族自治县	0. 388	30	0. 065	152	0. 068	87	0. 186	26	0. 069	130
		漾濞彝族自治县	0. 326	54	0. 219	21	0. 051	103	0. 146	58	-0. 091	412
		南涧彝族自治县	0. 249	86	0. 177	39	-0. 008	269	0. 067	147	0. 012	249
		巍山彝族回族自治县	0. 215	109	0. 113	90	-0. 004	258	0. 057	162	0. 049	154
		孟连傣族拉祜族佤族自治县	0. 141	163	-0. 037	318	0. 086	68	0. 014	232	0. 077	113
		贡山独龙族怒族自治县	0. 089	207	-0. 15	434	0. 399	3	0. 004	255	-0. 165	476
		宁洱哈尼族彝族自治县	0. 08	210	-0. 088	388	0. 128	32	-0. 049	341	0. 09	93
		镇沅彝族哈尼族拉祜族自治县	0. 062	225	-0. 082	378	0. 117	41	-0. 013	283	0. 04	171
		双江拉祜族佤族布朗族傣族自治县	0. 035	239	-0. 042	325	0. 019	180	0. 066	150	-0. 009	290
		景东彝族自治县	0. 019	254	-0. 059	349	0. 102	52	-0. 012	279	-0. 012	300
		耿马傣族佤族自治县	0. 016	255	-0. 089	389	0. 005	230	0. 046	180	0. 054	152
		宁蒗彝族自治县	-0. 038	287	-0. 109	407	0. 049	111	-0. 023	297	0. 045	162
		兰坪白族普米族自治县	-0. 063	301	-0. 177	460	0. 207	9	-0. 056	354	-0. 036	341

续表

片区	省份	自治县（旗）	绿色减贫指数		经济增长绿化度		资源利用与环境保护程度		社会发展能力		扶贫开发与减贫效果	
			指标值	排名	指标值	排名	指标值	排名	指标值	排名	指标值	排名
滇西边境片区	云南	西盟佤族自治县	-0.106	327	-0.101	400	0.091	65	-0.071	379	-0.025	323
		江城哈尼族彝族自治县	-0.106	328	-0.204	470	0.117	42	-0.021	295	0.002	260
		墨江哈尼族自治县	-0.124	338	-0.093	392	0.08	74	-0.042	329	-0.069	389
		沧源佤族自治县	-0.159	358	-0.166	452	0.031	147	0.002	259	-0.025	324
		澜沧拉祜族自治县	-0.282	431	-0.201	468	0.078	76	-0.047	337	-0.112	438
		金平苗族瑶族傣族自治县	-0.337	454	-0.226	477	-0.006	267	-0.124	441	0.018	231
		景谷傣族彝族自治县	-0.988	505	-0.149	433	0.13	31	-0.401	502	-0.569	505
六盘山片区	青海	互助土族自治县	0.685	2	0.032	212	0.569	2	0.122	77	-0.038	346
		循化撒拉族自治县	0.002	265	-0.001	269	-0.03	316	0.038	194	-0.005	275
		民和回族土族自治县	-0.068	303	-0.016	289	-0.093	441	0.048	176	-0.007	283
		化隆回族自治县	-0.099	321	-0.064	359	-0.113	461	0.084	126	-0.006	280
	甘肃	张家川回族自治县	-0.297	438	-0.183	464	-0.07	398	-0.081	390	0.037	179
		积石山保安族东乡族撒拉族自治县	-0.351	459	0.05	182	-0.081	420	-0.269	493	-0.051	366
		东乡族自治县	-0.376	472	0.054	170	-0.105	456	-0.251	489	-0.075	395
秦巴山片区	四川	北川羌族自治县	-0.294	436	-0.139	428	0.001	241	-0.043	331	-0.113	439

续表

片区	省份	自治县（旗）	绿色减贫指数		经济增长绿化度		资源利用与环境保护程度		社会发展能力		扶贫开发与减贫效果	
			指标值	排名	指标值	排名	指标值	排名	指标值	排名	指标值	排名
乌蒙山片区	云南	禄劝彝族苗族自治县	0.011	260	0.07	143	-0.054	375	0.001	264	-0.007	282
		寻甸回族彝族自治县	-0.03	279	0.074	141	-0.09	439	-0.007	273	-0.007	281
	四川	马边彝族自治县	-0.045	291	0.105	99	-0.032	320	-0.196	477	0.078	111
	贵州	威宁彝族回族苗族自治县	-0.466	487	-0.295	500	-0.001	248	-0.132	450	-0.037	343
武陵山区	湖南	靖州苗族侗族自治县	0.665	3	0.141	69	0.05	106	0.33	2	0.143	37
		通道侗族自治县	0.329	52	0.123	82	0.055	99	0.01	238	0.141	42
		芷江侗族自治县	0.3	69	0.077	135	0.027	155	0.113	93	0.082	106
		新晃侗族自治县	-0.012	270	0.112	92	0.035	136	-0.277	495	0.118	69
		城步苗族自治县	-0.04	289	0.015	243	0.05	108	-0.095	404	-0.01	293
		麻阳苗族自治县	-0.326	449	0.035	205	0.025	164	-0.058	356	-0.327	501
	重庆	秀山土家族苗族自治县	0.241	88	0.071	142	0.001	237	0.155	48	0.014	240
		酉阳土家族苗族自治县	-0.101	324	0.005	260	-0.044	356	0.017	228	-0.078	400
		石柱土家族自治县	0.13	171	-0.015	285	0.022	173	0.104	103	0.019	230
		彭水苗族土家族自治县	0.359	38	0.107	97	0.012	203	0.253	8	-0.013	302
	湖北	长阳土家族自治县	0.211	110	-0.107	405	-0.012	279	0.315	3	0.016	237
		五峰土家族自治县	0.404	26	0.15	63	0.012	200	0.23	14	0.012	248

续表

片区	省份	自治县（旗）	绿色减贫指数		经济增长绿化度		资源利用与环境保护程度		社会发展能力		扶贫开发与减贫效果	
			指标值	排名	指标值	排名	指标值	排名	指标值	排名	指标值	排名
武陵山区	贵州	玉屏侗族自治县	0.009	261	0.101	103	0.026	159	-0.117	438	-0.001	269
		道真仡佬族苗族自治县	-0.043	290	-0.103	402	-0.036	336	0.078	134	0.018	233
		印江土家族苗族自治县	-0.1	323	-0.208	474	-0.031	318	0.05	172	0.088	95
		务川仡佬族苗族自治县	-0.112	333	-0.105	404	0.048	112	-0.045	335	-0.01	294
		沿河土家族自治县	-0.163	360	-0.151	437	-0.051	367	0.082	129	-0.043	354
		松桃苗族自治县	-0.745	502	-0.208	475	0.075	80	-0.084	393	-0.528	504
燕山-太行山片区	河北	丰宁满族自治县	0.059	227	-0.088	387	-0.006	266	0.107	98	0.046	159
		围场满族蒙古族自治县	-0.178	369	-0.162	447	-0.021	293	-0.08	388	0.085	101

从绿色减贫指数综合指标值来看（见图1），有27个民族自治县（旗）的绿色减贫指数综合指标值在0以上，占到49.1%。从各民族自治县（旗）得分来看，六盘山片区的互助土族自治县和武陵山区的靖州苗族侗族自治县分别以0.685和0.665的指标值排在前两名，在全国505片区贫困县中分别排在第2名和第3名，排名也比较靠前；全国505个片区贫困县绿色减贫指数指标值100名中，民族自治县（旗）有11个，占到11%。从各片区平均得分来看，大兴安岭南麓山区、武陵山区分别以0.22、0.056的指标值排在前两位。综合来看，我国民族自治县（旗）的绿色减贫整体情况在全国片区贫困县中处于中等水平，有部分民族自治县（旗）或者片区排名比较靠前，说明民族地区的片区贫困县拥有较丰富的绿色生态资源，为绿色减贫提供了基础。

图1　55个民族自治县（旗）绿色减贫指数指标值

经济增长绿化度反映了民族地区在经济增长过程中对绿色发展的重视程度，这一级指标不仅关注人均地区生产总值，同时也关注单位地区生产总值能耗、单位地区生产总值二氧化硫排放量、工业固体废物综合利用率等方面。从经济增长绿化度评估结果来看，有 23 个民族自治县（旗）的经济增长绿化度指标值在 0 以上，占到 41.8%。从各民族自治县（旗）指标值来看，滇西边境片区的漾濞彝族自治县和南涧彝族自治县分别以 0.219 和 0.177 的指标值排在前两名，在全国 505 个片区贫困县中分别排在第 21 名和第 39 名。全国 505 个片区贫困县经济增长绿化度指标值前 100 名中，民族自治县有 9 个。民族地区经济增长不能靠高污染、高能耗的粗放型方式，而是要选择绿色生态的增长方式。从经济增长绿化度来看，民族自治县的经济发展水平虽然相对落后，但是在环境保护、减少污染等方面却相对领先。

资源利用与环境保护程度反映了民族地区对其丰富的自然资源的利用和生态环境的保护程度，这一级指标主要考量人均森林面积、森林覆盖率、单位耕地面积化肥施用量等因素。从资源利用与环境保护程度评估结果来看，有 33 个民族自治县（旗）的资源利用与环境保护程度指标值在 0 以上，占到 60%。从各民族自治县（旗）指标值来看，六盘山片区的互助土族自治县和滇西边境片区的贡山独龙族怒族自治县分别以 0.569 和 0.399 的指标值排在前两名，在全国 505 个片区贫困县的排名中分别排在第 2 名和第 3 名。全国 505 个片区贫困县资源利用与环境保护程度指标值前 100 名中，民族自治县有 15 个。民族地区在充分尊重自然资源和生态环境的基础上，不断将资源和环境优势转换为经济优势，寻求保护和开发的共赢。

社会发展能力反映了民族地区基础设施、公共服务等方面的发展水平，这一级指标综合考量了各民族自治县（旗）的收入、消费、医疗、教育等因素。从社会发展能力评估结果来看，有 29 个民族自治县（旗）的社会发展能力指标值在 0 以上，占到 52.7%。从各民族自治县（旗）指标值来看，武陵山区的靖州苗族侗族自治县和长阳土家族自治县分别以 0.33 和 0.315 的指标值排在前两名，在全国 505 个片区贫困县中分别排在第 2 名和第 3 名。全国 505 个片区贫困县社会发展能力指标值前 100 名中，民族自治县

（旗）有12个。民族地区在发展经济的同时，在收入增加、消费升级以及医疗、教育有保障方面不断加大投入力度，实现了人民生活水平的稳步提升，增强了民族地区居民的获得感、幸福感、安全感。

扶贫开发与减贫效果是对民族地区扶贫开发工作及其成效的全面评估，这一级指标考察了能够反映民族地区扶贫脱贫工作的项目，比如贫困人口占总农村人口比重，农村人均纯收入增长率，通电、通路、通水情况等。从扶贫开发与减贫效果评估结果来看，有27个民族自治县（旗）的扶贫开发与减贫效果指标值在0以上，占到49.1%。从各民族自治县（旗）得分来看，大兴安岭南麓山区的科尔沁右翼中旗和武陵山区的靖州苗族侗族自治县分别以0.225和0.143的指标值排在前两名，在全国505个片区贫困县中分别排在第3名和第37名。全国505个片区贫困县扶贫开发与减贫效果前100名中，民族自治县（旗）有8个。在近几年的脱贫攻坚过程中，民族地区按照精准扶贫精准脱贫的要求，针对民族地区的地域特征，在贫困村基础设施改造、贫困人口脱贫增收方面下足功夫，减贫效果逐渐显现。

四　民族地区绿色减贫的主要问题

从以上分析可以看出，我国民族地区因其独特的自然禀赋，在绿色减贫方面既有优势也面临挑战，并存在以下问题。

第一，民族地区具备的资源优势尚未完全释放，绿色减贫意识仍有待提升。

民族地区拥有天然的自然地理资源和历史文化资源，比如丰富的森林、山地、高原和非物质文化遗产，这些资源在特定的背景和环境下制约着民族地区经济社会的发展，影响了民族地区脱贫致富的步伐。但是在绿色减贫的背景下，民族地区完全可以将其具备的资源优势转化为经济优势，并将这种优势和效益逐步释放。从当前的数据和评估结果来看，民族地区的资源优势尚未被完全挖掘和充分利用，人民对于绿色减贫认识尚显不足，对绿色发展、低碳环保、可持续发展等概念的理解和重视程度仍然不够，建立民族地区可持续生计仍面临巨大的主观因素挑战。民族地区在长期生活过程中形成了独特的生产生活方式、相对独立的民族文化，以及独特的价值观念、道德体系和行为规范，如何将绿色减贫的理念和意识与当地的文化习俗相融合，如何将其拥有的自然和人文禀赋转化为脱贫致富的有利因素，如何实现“绿水青山”到“金山银山”的转变等问题需要逐一破解。

第二，民族地区绿色产业发展体系尚未完全构建，绿色减贫动力仍显不足。

近几年民族地区经济发展水平有了较大程度的改善，比如 2018 年贵州、云南、西藏 GDP 增速位列全国前三，这与民族地区大力发展绿色减贫不无关系。但是从评估结果来看，不少民族地区发展水平仍显落后，尚未形成体系完备、支撑有力的绿色产业发展体系。尤其是在县域层面，民族自治县（旗）大小不一、差异明显，不少民族自治县（旗）尚未对县域特征进行全面评估，未能制定适合自身特色的绿色产业发展规划；也有不少民族自治县虽然已经上马了绿色产业项目，比如茶园、文旅项目，但是项目缺乏前期评估与长远规划，缺乏基础设施、物流网络等方面的配套支撑；还有不少民族自治县（旗）绿色产业化和产业绿色化思路不明，未能有效打通相关产业链条，造成绿色减贫效果不明显，制约本地区绿色产业的后续持续发展。

第三，民族地区脱贫攻坚与保护环境矛盾依然存在，绿色减贫创新仍显乏力。

当前民族地区成为脱贫攻坚的主战场，最后难啃的硬骨头聚集于此。民族地区要按时打赢这场脱贫攻坚战，克服和战胜其他贫困地区从未出现过的特殊困难和问题，实现绿色发展和脱贫致富的双赢，就必须处理好脱贫攻坚与保护环境之间的关系。民族地区是我国重要的资源富集区、水系源头区、生态屏障区，是我国整个经济社会发展的基础，因此民族地区生态环境保护的责任非常重大。只有保护好民族地区的生态资源才能确保高质量脱贫和高质量发展，如果不将生态环境放在优先位置、不考虑破坏生态环境的负面影响，不论产生了多大的经济社会效益，都是低质量和不可持续的。民族地区环境保护的重要性和特殊性要求民族地区的脱贫攻坚需要创新模式和路径，但是目前民族地区在绿色减贫方面的创新能力仍显不足，缺乏有效长远可持续的方式方法。

五 完善民族地区绿色减贫的政策建议

绿色减贫是全面建成小康社会的必然要求，更是新时代改革发展的必然方向。脱贫攻坚期，民族地区要在利用好资源和环境优势基础上，坚持走绿色减贫之路，从而实现可持续发展。

第一，强化民族地区绿色减贫理念是绿色减贫的重要基础。

习近平总书记讲，“许多贫困地区一说穷，就说穷在了山高沟深偏远。其实，不妨换个角度看，这些地方要想富，恰恰要在山水上做文章”。民族地区天然地拥有丰富的生态资源，需要树立正确的发展观念，并用辩证的思维来看待民族地区这一优势，民族地区应该坚持“既要绿水青山，也要金山银山”，要牢牢守住发展和生态两条底线，培植后发优势，奋力后发赶超，走出一条有别于东部、不同于西部其他省份的发展新路。首先，政府要从顶层设计出发强化绿色减贫方面的制度和政策供给，制定和出台绿色减贫的规划方案，积极引导民族地区脱贫攻坚思路和思维方式的转变；其次，加强民族地区绿色发展理念的教育，加大普及绿色发展和脱贫攻坚两大攻坚战的宣传和普及，构建与绿色减贫相吻合的创新型教育体系。在大、中、小学校增加绿色文化教育的课程内容，在民族地区开展针对贫困人口的绿色生态基础、绿色产业专业技术、绿色项目岗位等培训，积极引导民族地区贫困人口树立绿色价值观，提升贫困人口对于绿色文化的保护意识和利用意识，使绿色理念、绿色意识、绿色行为、绿色经济等有效衔接。

第二，探索民族地区绿色产业体系是绿色减贫的重要方向。

地区持续发展需要强有力的产业支撑，产业扶贫也已经成为当前脱贫攻坚的重要抓手。民族地区不能依靠传统的粗放型发展模式，而要秉承绿色发展、生态文明的发展思路，构建绿色产业发展体系，保障民族地区发展的可持续性。首先，民族地区绿色产业体系要着力处理好地缘性贫困、生态性贫困问题，合理规划、科学选址，在尊重和保护本地自然资源和文化传统的基础上，确定绿色产业发展模式。其次，民族地区要主动挖掘本地区的民族特点，注重民族特色文化的开发，探索民族文化与生态旅游及延伸产品相融合的方式，以保护为前提，守护原生态、传承原文态、留住原居民，积极发展生态旅游产业，在绿色产业体系中不断增强民族地区群众的参与感、获得感和幸福感。

第三，创新民族地区绿色减贫方式是绿色减贫的重要支撑。

民族地区在发展过程中面临着脱贫攻坚与保护环境的矛盾，一方面要发展经济实现贫困人口脱贫，另一方面要保护资源与环境建设生态文明。当前妥善处理二者之间矛盾的最重要途径就是创新绿色减贫的方式方法，以创新促进民族地区绿色减贫的顺利实现。首先，对于自然资源丰富和战略地位重要的主体功能区或限制开发区，国家要制定和出台灵活多样的生态保护和开发政策，鼓励和引导民族地区自然资源的转让、补偿和交易。其次，借助互联网、大数据和人工智能等手段，对民族地区丰富的自然资源和文化资源进行再创造、再经营、再创收，摆脱过去传统的工业化生产经营模式，用新一代信息革命推动民族地区绿色减贫的跨越式发展。

第四，制定绿色减贫的考核评价体系是绿色减贫的重要保障。

习近平总书记强调，要改进考核方法，把民生改善、社会进步、生态效益和实绩等作为重要考核内容。为此需要将绿色减贫纳入民族地区脱贫攻坚考核当中，不仅考察“两不愁三保障”、基础设施、产业发展、驻村帮扶等内容，还要兼顾民族地区减贫的绿化度、增长的持续性。同时也加强民族地区绿色减贫的监测和评估，尤其是重要的水系源头区、生态涵养区，更要加大生态文明的考核力度，通过考核引导民族地区正确处理好经济发展、资源开发和环境保护的关系，促进经济、社会与自然环境可持续良性发展。

参考文献

［1］张耀文、郭晓鸣：《中国反贫困成效可持续性的隐忧与长效机制构建——基于可持续生计框架的考察》，《湖南农业大学学报》（社会科学版）2019年第1期。

［2］黄承伟：《论中国新时代扶贫理论实践研究》，《华中农业大学学报》（社会科学版）2019年第1期。

［3］李靖、廖和平：《区域贫困农户生计能力与生态环境的关系——以重庆市16个区县为例》，《中国农业资源与区划》2018年第9期。

［4］王晓毅：《绿色减贫：理论、政策与实践》，《兰州大学学报》（社会科学版）2018年第4期。

［5］张庆安：《践行习近平生态文明思想，推进民族地区高质量绿色发展》，《中国民族报》2018年7月20日。

［6］于法稳：《新时代农业绿色发展动因、核心及对策研究》，《中国农村经济》2018年第5期。

［7］史志乐、张琦：《少数民族深度贫困地区脱贫的绿色减贫新构思和新路径》，《西北民族大学学报》（哲学社会科学版）2018年第3期。

［8］于法稳：《绿色发展理念视域下的农村生态文明建设对策研究》，《中国特色社会主义研究》2018年第1期。

［9］宋献中、胡珺：《理论创新与实践引领：习近平生态文明思想研究》，《暨南学报》（哲学社会科学版）2018年第1期。

［10］张琦：《习近平绿色减贫思想具有长远的战略性指导价值》，《人民论坛》2018年第3期。

［11］万君、张琦：《绿色减贫：贫困治理的路径与模式》，《中国农业大学学报》（社会科学版）2017年第5期。

［12］袁梁、张光强、霍学喜：《生态补偿、生计资本对居民可持续生计影响研究——以陕西省国家重点生态功能区为例》，《经济地理》2017年第10期。

［13］黄茂兴、叶琪：《马克思主义绿色发展观与当代中国的绿色发展——兼评环境与发展不相容论》，《经济研究》2017年第6期。

［14］曹诗颂、王艳慧、段福洲、赵文吉、王志恒、房娜：《中国贫困地区生态环境脆弱性与经济贫困的耦合关系——基于连片特困区714个贫困县的实证分析》，《应用生态学报》2016年第8期。

［15］张琦、冯丹萌：《我国减贫实践探索及其理论创新：1978~2016年》，《改革》2016年第4期。

[16] 黄承伟、周晶：《减贫与生态耦合目标下的产业扶贫模式探索——贵州省石漠化片区草场畜牧业案例研究》，《贵州社会科学》2016 年第 2 期。

[17] 雷明：《两山理论与绿色减贫》，《经济研究参考》2015 年第 64 期。

[18] 段伟、任艳梅、冯冀、温亚利：《基于生计资本的农户自然资源依赖研究——以湖北省保护区为例》，《农业经济问题》2015 年第 8 期。

[19] 李晓西、刘一萌、宋涛：《人类绿色发展指数的测算》，《中国社会科学》2014 年第 6 期。

教育帮扶：培育脱贫内生动力的路径选择

——基于对万源市两个贫困村教育帮扶的分析*

吴晓燕　朱　贞**

【摘　　要】教育扶贫是实现彻底脱贫的一项前瞻性与基础性工程。为此，外向量体裁衣重塑人力资源活力，内驱脱贫主体培育自主发展意识，坚持扶智与扶志并驾齐驱、标本兼治，实现教育扶贫精准发力，才能解决以低收入客观存在与主观认知失衡并存为突出特性的贫困问题。进而实现教育帮扶理念与长期治贫的价值耦合。四川省教育系统的对口帮扶单位利用自身的教育资源优势向万源市的两个贫困村提供教育精准帮扶，一方面提升贫困人群的增收技能，另一方面培育脱贫内生动力，为促进贫困地区可持续发展进行了有益的探索。

【关 键 词】教育帮扶　相对贫困　扶志与扶智

2020 年我国即将顺利完成脱贫攻坚并全面建成小康社会，习近平总书记多次强调，没有贫困地区的小康，就没有全面建成小康社会。由此可见，

---

* 本文为教育部人文社会科学研究规划基金一般项目“农村社会有效治理研究：从精准脱贫到乡村振兴”（项目号：19YJA810012）阶段性成果。

** 吴晓燕，法学博士，中共四川省委党校马克思主义学院教授，主要从事基层治理研究；朱贞，重庆师范大学马克思主义学院硕士研究生，主要从事贫困治理研究。

我国脱贫攻坚是追求“两个一百年”奋斗目标与伟大复兴“中国梦”的磐石之路。在多维扶贫举措中，教育扶贫处于“六个精准”“五个一批”“四个切实”等扶贫事业原则要求和实践工作中的引领性和基础性地位。自习近平总书记在十八大后提出“治贫先治愚”以来，党中央、国务院陆续稳步建立和推进了针对不同阶段、不同层次和不同类型的教育惠民政策及公共服务，比如制定并实施《国家贫困地区儿童发展规划（2014—2020年）》、高等学校学生资助政策、《乡村教师支持计划（2015—2020年）》等，而《教育脱贫攻坚“十三五”规划》成为目前教育扶贫领域的顶层行动纲领与根本遵循，教育扶贫政策体系逐步完善和实现全覆盖。从近年政策落地的实践效果来看，教育扶贫是激发困难群众内生自主活力的根本之策，有助于贫困人群形成脱贫致富的行为活力和思想动力，培育自发式造血增能，消除贫困的代际传递。在四川省统筹的教育扶贫举措中，四川文理学院和达州市第一中学在对万源市两个贫困村的教育对口帮扶中，积极探索多元扶贫新路径，竭力覆盖教育脱贫全局与分类分群指导帮扶双轨并行，注重因人因户式的“内外兼扶”施策，初步形成了内驱型的教育治贫模式。这种教育帮扶的精准新格局和区域治贫的良性生态环境，有力彰显出教育精准帮扶在脱贫攻坚中的工具性价值与人口发展上的社会性价值。

一　教育扶贫与长期减贫的契合

学界对贫困成因及其分类观点纷繁，但总体上大致可以概括为物质条件极度缺失的原发性绝对贫困和人力资源匮乏及直接导致其与主流社会互动困难的相对贫困。随着脱贫攻坚任务的完成，农村社会迈入减贫与乡村振兴战略有效衔接与协同发力阶段后，绝对贫困现象基本消失。但相对贫困还将长期存在，因为导致相对贫困的原因还会长期存在。其一，市场经济带来的社会分化使得社会结构极端化突显，表现为阶层日益固化、阶层利益严重分化、阶层意识与阶层认同敏感化，这样的社会结构致使贫困人群切身感知不良及自我评价偏低，认为自身在经济与社会权力方面被排斥，形成抵抗社会压力风险的无力感和脆弱性。其二，贫困人群精神贫瘠、人文关怀不足与畸形发展形成相对贫困。相对贫困在绝对贫困基础上叠加，不仅体现在外源性健康和生活状态持续恶化，更加凸显为内在发展能力的动态短缺，各因素耦合下行，再次生迁移至社会的多维层面，由个人属性发散演变成具有社会属性的复杂社会现象，使得相对贫困成为一种韧性稍强的整体发展性问题。因而，相对贫困逐渐成为农村持续减贫亟待攻克的难关以及长期贫困治理的精准着力点。

近年来，随着党和国家对教育扶贫认识的不断深化以及教育固有功能对阻隔贫困代际传递所取得的实效，教育精准扶贫无疑成为破解相对贫困的关键和兜底所在。精准扶贫是国之大计，教育是百年大计。教育精准扶贫是精准扶贫的下位概念，是精准扶贫宏观战略体系及机制的重要组成部分。教育精准扶贫的核心要义也在精准，具体涵盖扶贫前期准备的精准，以精准明确扶贫靶向为出发点，以兼顾教育公平性和适当优先性为扶贫目标；扶贫过程的精细化，政府主要发挥宏观导向与规制作用，促使多元主体与市场有机结合，整合稀缺性教育资源，采用实施形式项目化，技术手段科学化与程序化，精准发力治理贫困，达到扶贫投入与减贫产出的高能效。刚性扶贫理念、目标、原则与柔性扶贫管理技术合二为一，是对过往粗放、碎片化扶贫造成扶贫效率低下、越扶越穷以致“贫困陷阱”丛生情况的及时调整和优化。这也使得“精准”秉承的内涵与外延被合理放大后，要求扶贫效益最优化成为教育精准扶贫战略及政策制定的前提考量和最终归宿。

从上述贫困产生的理论逻辑与贫困治理的实践逻辑来看，困难群众之所以陷入相对贫困，多数是因为缺少克服这类贫困的内在动力——志愿、志气和斗志与外在能力——智力，包括获取经济报酬的人力资本积累与阿玛蒂亚·森强调的可行能力①。以教育为切入点，从贫困人口内部发力，通过“扶志”以“塑志”、“扶智”以“壮智”的交替循环，培育脱贫的内生动力，形成治贫内生力量。具体看来，首先，能够转变农民无为及无所谓的观

① 阿玛蒂亚·森：《以自由看待发展》，中国人民大学出版社，2002，第3、8、37页。

念，消除懒人思想和增强自我发展意识；其次，提升人口素养，让其获得生产技能，推进产业发展，提升脱贫的外生“智慧”才干；再次，转变隔代教育观，控辍保学，激发下一代励志成才的愿望，阻隔贫困代际传递；最后，教育本具有人文发展手段与结果的双重属性，即一定程度上教育本就是以人为本的发展方式和自由权益，是所有人都应平等享受的权利与福利，这也是对“可行能力”的进一步拓展，强调教育治贫的内在隐形价值。概言之，教育精准扶贫是教育活动、固有功能、多重价值在扶贫领域的综合延伸与拓展，[①] 能有效斩断穷根，消除社会歧视，实现个人及家庭优质、可持续发展。

二　教育帮扶的实现路径

在推进经济社会整体发展或面对重大灾害后实施经济社会重建过程中，开展对口支援是我国的制度优势和鲜明特色。为如期完成脱贫攻坚的艰巨任务，我国实施了对口帮扶政策。在对口帮扶过程中，一些教育部门、高校、中学便利用自身优势对帮扶对象开展教育帮扶，以使贫困地区群众在技能、观念、文化素养等方面得到提升，助力其形成摆脱贫困的内在动力和自我发展能力，教育帮扶成为教育扶贫的重要途径。在四川省的对口帮扶实践中，按照省委和地市州委的统一部署，位于达州市的四川文理学院、隶属达州市教育局的达州市第一中学（以下简称“达州一中”）承担了万源市下属两个贫困村——老洼坪村和柏树坝村[②]的对口帮扶任务。在帮扶过程中，两所

① 段从宇、伊继东：《教育精准扶贫的内涵、要素及实现路径》，《教育与经济》2018 年第 5 期，第 23~29 页。

② 老洼坪村地处大巴山深处，自然交通环境恶劣，患病和村民观念陈腐是致贫的主要原因。2013 年，人均纯收入 4657 元。2014 年，全村共 345 户 1296 人，建档立卡贫困户 89 户 265 人，贫困率为 20.4%。2017 年底，人均纯收入达到 8000 余元，实现了整村脱贫摘帽。柏树坝村位于万源永宁场镇以西，位置偏远，易发生山体滑坡和泥石流等自然灾害；产业结构单一，城乡互动困难。2014 年，全村共 266 户 743 人，建档立卡贫困户 67 户 195 人，贫困率为 26.2%，是有名的省级深度贫困村。到 2018 年，经过多方帮扶，人均纯收入达到 8200 元左右，实现了整村脱贫，2019 年脱贫 1 户共 2 人。由此，全村贫困人口全部脱贫。

学校凭借自身的教育资源优势，结合贫困村、贫困户的实际，通过教育帮扶发力，取得了明显成效。

（一）外在推力：以教治贫

1. 助推产业发展治贫

自精准帮扶以来，两个贫困村在经济发展与收入增长上取得了一定成效，但整体发展质量仍然不高，第一产业和第二产业基本处于困顿状态。为此，对口帮扶单位曾数十次在两村进行调研，了解村民脱贫诉求。通过学校产教平台，以专业学科知识的嵌入帮助地方产业与经济发展，而这种产教融通的方式，使得产业运作市场化有了稳固基础，加快了产业脱贫与产业兴村的步伐。一方面，帮助贫困户发展特色种植业，提升产品附加值，延长产业服务链。例如，贫困村盛产富含微量硒元素的土豆、茶叶、猕猴桃等特色农产品，具有丰富的营养和药用价值。然而由于包装加工层次低且缺乏销售渠道，产品不易对外销售，难以实现增值。帮扶学校协助村民进行产品包装设计和注册地理商标，通过联系对接当地龙头企业、P2P电子商务平台和帮扶学校自买自销等方式帮助村民拓展市场、扩大销售，开辟内源消费扶贫新模式，使村民足不出村就能实现增收。同时，联系并提供技术服务，支持当地森隆林业公司发展跑山猪、黑鸡等绿色生态产业，帮助村庄着手规划生态旅游，开发万宝山康养旅游业。另一方面，帮扶单位还和省民政厅、工行等单位共同筹集1000万余元资金，建成黑鸡养殖基地和肉牛养殖基地，50多户贫困养殖户加入集体养殖合作社后，每年人均纯收入能达8000余元；扩大村庄农畜产业规模和中药材种植规模，发展区域龙头企业，通过发展壮大集体经济，带动贫困户增收脱贫。在后续帮扶计划中，立足村庄资源实际，四川文理学院还把物流管理、机械制造和特色植物研究等学校自身优势学科与贫困村建设结合，实现学校科研创新与科技促进产业脱贫之间的互利互赢。

2. 提升人口素质治贫

对口帮扶的两个贫困村大多数贫困村民都是初中以下文化程度，缺乏就业技能，整体文化素养不高。为此，根据教育帮扶的安排，对口帮扶单位采取了如下举措。其一，进行政策普及和普法教育。帮扶学校组织师生进入贫困村，用贴近生活的法制案例、浅显易懂的语言讲解乡村振兴、精准扶贫、土地流转等党和国家方针政策，尤其是惠农惠民政策和精准扶贫政策，帮助贫困户了解国家的扶贫政策和帮扶措施，激发他们脱贫的愿望。同时还选派专家指导基层党建，组织师生普及法律常识及依法治国基本知识，助力基层健全法治、自治和德治“三治合一”的乡村治理体系，让两村在实现精准脱贫的同时实现依法治村。其二，多次在两村开展安全用电普及、家电义务维修、科普“三下乡”等帮扶送智活动。在帮扶乡镇所在的学校为学生展示讲解无人机、机器人和3D打印技术等科技成果，培养他们的基本科学素养和精神。柏树坝村所在的永宁乡中心小学校长说，乡下孩子很少见到这些科技发明，这些科技作品展示帮助贫困孩子拓宽了眼界，有助于激发他们对科学的兴趣。其三，开展“提升留守家庭教育能力”的专题讲座，对隔代教育和家长如何关爱激励孩子给予有益的指导。除此之外，帮扶学校还开展了艾滋病防治、常见和突发疾病知识等讲座，进行健康义诊，预见性地降低因病致贫的重大风险。

3. 培育人才“智囊”治贫

脱贫和农村发展需要人才引领，盘活人才资源，使懂农村、懂农业和懂农民的脱贫先锋力量有发挥专业优势的能力和空间，强化与提升教育治贫与服务农村的人才智力支撑，让他们成为乡村发展的中流砥柱，帮扶单位为此下足了功夫。近年来，帮扶单位通过革新薪酬制度和优化职称绩效考核管理办法等，全力输送驻村干部，支持村庄的脱贫攻坚工作；对帮扶乡镇的优秀基层干部、农业技术人员和文化宣传人员等群体进行分类专题培训，培养适应地方发展、具有能动性的复合型应用人才，因为具有能动意识的乡土人才凭借其拥有的社会资本，有助于处理好外部输入性资源和扶贫真实需求之间的张力与平衡关系，进而以“地方性”知识为支撑，以在地化的管理技巧实现资源优化配置，提升脱贫成效。同时，对口帮扶单位把两个贫困村所在的茶垭乡中心小学和永宁乡中心小学作为对口帮扶的教育基地，选派大学生顶岗实习，与乡村学校教师开展教研活动，缓解乡村小学师资紧缺、教育教学力量薄弱的问题。

（二）内生动力：以教扶志

1. 促成脱贫情感价值共振

贫困人群在脱贫过程中可能会出现被动、畏难和思想动摇等负面情绪，帮扶单位针对这些问题，以情感共鸣、关怀感恩为主旋律，开展精神励志教育，使村民从过去被动脱贫，到树立战胜贫困的信念和自我发展的信心，激发其内生发展的能动性。

对口帮扶单位的驻村干部专门组织贫困村民到红色教育基地参观，先后参观了神剑园①、将军碑林和将军故居，达州一中的驻村书记带队并为贫困户讲解“学党史、感党恩、跟党走”的知识，让他们切身感受到先辈们艰苦创业的精神，习得传承红色基因、主动脱贫奔小康的道理。此外，多次让他们参加结亲帮扶座谈会，贫困村民深受感动和鼓舞，励志要靠勤劳的双手改变命运，靠辛勤劳动奔小康。四川文理学院“三下乡”服务团队还专门实施针对留守儿童家庭的关爱计划，组织留守儿童家长参与家庭教育讲座，举行大学生成长经历分享活动，帮助留守儿童家长转变教育观念，激励引导留守儿童发奋学习，用知识改变命运和回报家庭、社会。这种关爱从重视学生的身心体验和感受出发，有助于儿童心智人格的正向积极养成。美国教育协会主席内尔·诺丁斯的关怀理论认为，家庭及社会对儿童的关怀教育是儿童成长中至关重要的因素，关怀教育开始于教师及社会的关怀行为，结束于学生的被关怀感受及行为反馈。②

此类以教育为形式、以情感共鸣为旨趣的帮扶对接活动，强化帮扶双方的情感沟通和价值同频共振，借助情感共鸣而动之以情、晓之以理、辅之以

① 神剑园是以神剑将军张爱萍的故居为主体建成的一个爱国主义教育基地，也是四川省首批廉洁文化基地。

② 侯晶晶、朱小蔓：《诺丁斯以关怀为核心的道德教育理论及其启示》，《教育研究》2004年第3期，第36~43页。

策，把贫困群众当成亲人，用心用情帮扶其走出困境。

2. 激发脱贫成才斗志

把马斯洛需求层次理论①与其人本主义心理学②结合来看，无论哪种需求都是人类本性的外化体现，人类付诸行动可以满足不同需要。而人本主义继而指出，只有以人为本，即以人性为追溯的源头，重视深层次人性的隐匿与发觉，以积极主动的态度对待人性本善与本真，才能获得自我潜力与价值的发展和最高实现。这种理论观点亦可作为教育治愚扶志实践的重要学理支撑。

为了发挥帮扶学校教育资源优势，针对贫困家庭的学龄儿童，培育他们“顶天立地，为家庭社会崛起而读书”的志向与信念，对口帮扶学校专门实施了贫困村“青少年励志计划”。为让他们更多地了解外部世界，帮助他们开阔眼界，扶贫工作组精心策划于 2016 年 8 月举办了第一季贫困村“青少年励志计划”活动，组织包括留守儿童在内的多名贫困青少年参观四川文理学院和达州市第一中学，孩子们被学校的校风校貌及设施震撼，深刻感悟到进入重点学校学习的重要性。2017 年的第二季活动中，扶贫工作组带领孩子们到英雄纪念碑前进行宣誓活动，对贫困儿童进行革命红色文化教育，培育他们克服困难、敢于拼搏、勤于奋斗、立志考上大学、立志改变命运的远大志向。2018 年的第三季“青少年励志计划”活动让 26 名贫困儿童与城市孩子结对，共同感受积极向上、幸福和谐的班级文化氛围，助力其健康乐观身心的养成。

“青少年励志计划”的持续推行助力贫困家庭青少年萌生战胜贫困的内在精神需要与动力，让下一代通过接受教育立志成才，阻隔贫困的代际传递，达到真正的彻底脱贫。

3. 营造脱贫发展文化氛围

万源作为革命老区，拥有丰富的红色文化资源，其悠久的“巴山红军

① 周辅成：《西方伦理学名著选辑》（下册），上海人民出版社，1964，第 470~471 页。

② 马斯洛：《人本哲学》，九州出版社，2003，第 466~467 页。

精神”与“巴人文化”为脱贫攻坚提供了强大精神动力。为传承红色文化，大力弘扬革命老区“智勇坚定、排难创新、团结奋斗、不胜不休”的红军精神，两家对口帮扶单位持续组织专业教师深入万源革命遗址和贫困村进行艺术创作，组织“文化惠民，携手奔康”主题文艺演出，创作了《魂铸巴山》等优秀歌舞话剧，开展送戏下乡活动，在当地贫困村庄巡回演出，激发贫困人群通过辛勤劳动摆脱贫困的愿望，增强他们脱贫奔小康的信念。与此同时，四川文理学院还组织巴文化研究团队对贫困村红色文化资源、林场知青文化进行挖掘和整理，传承优秀文化，提升当地文化创新发展动能。另外，针对当地公共文化设施陈旧滞后、农民精神文化陷入荒漠化的窘境，在帮扶单位与乡政府的联合支持下，永宁乡建成了总面积132.48平方米的乡村综合文化站，在6个行政村设立了农家书屋，内置农业技术、妇女计生常识等类书籍1万余册，其中柏树坝村就有2000余册；实施文化保护工程，协助保护百年古木旧居和多种方言，在柏树坝村进行墙绘美化工作，美化村容村貌，以乡村文化建设涵育精气神，提升文化脱贫成效。

文化始于人，也服务育人。文化既有对农民精神进行冲击和重建的作用，又有对农耕文明中部分价值规则及秩序的合理选择与修订的功能，而且教育服务文化发展本身就是文化的表现形式之一，这些都让博大精深的传统乡村文化实现创造性的转变与再生。[①] 文化繁荣兴盛是乡村发展的核心潜在动力，以教育振兴乡村文化，以文化厚植村庄生活与精神底色，进而可以共同解决因文化内生动力不足引致的精神贫困问题。

三 教育帮扶之价值蕴意

教育帮扶受到政府和社会各界的高度重视与广泛推行，不仅因为其具体

① 赵霞：《传统乡村文化的秩序危机与价值重建》，《中国农村观察》2011年第3期，第80~86页。

实践能持续开展“共治—治贫、共建—建心智、共发展”的精准帮扶模式，从而形成多角度、全面覆盖贫困人群心智的扶贫网络治理格局，更在于背后对其理论价值的广泛拓展与深入解读，对教育扶贫开发乃至脱贫攻坚和乡村振兴都有极为重要的价值。

（一）提升人力资本，增强贫困人群发展能力

舒尔茨认为人力资本是通过各种教育渠道获得知识、技术、经验和能力等可以反映劳动者综合素质的相关指标。[①] 从人力资本的视角看，教育确实是提升贫困人口发展能力的有效途径。人力资本发展与经济收入增长呈正相关，通过多种教育与培训，提升技能知识，实现劳动力就业，将直接解决收入不足问题。加之，人力资本的发展会产生多维溢出效应。例如农民在习得相应知识技能的同时，也获得了宝贵的学习能力，有利于促进终生教育及个人发展，间接地缓解相对贫困现象。但现实是贫困人口对人力资本的投资极其有限。从儿童来看，因为教育经济成本及附加机会成本较高，教育周期较长，未来收益的隐形性和不确定性使得教育潜在的风险溢价成为教育整体投资中最昂贵的成本，而极度削弱对作为教育投资者的父母的吸引力，减少他们的投资决策行为。[②] 另外，留守儿童一般由留守老人隔代抚养，缺乏父母亲自管教的孩子易产生“读书无用论”的偏激心理。而成年人中有些人甘于贫困，安之若素，极度缺乏脱贫致富的主观能动性和创造性，也没有为了脱贫而进行人力资本投入的愿望和动力。外在的教育高成本与内在的教育乏动力的共同后果便是贫困人群接受教育的意识淡漠，导致低水平教育与低水平人力资本呈封闭循环，相互渗透叠加。唯物辩证法指出，内因决定外因，外因是事物发展的影响因素，内外因融合作用使得事物发生质变。教育帮扶以其特有的“育人”功能，不仅形成“智力”向“志气”由外及内的助推过程，创造改变命运的智力支持，且助力“志气”向

① 舒尔茨：《人力资本投资》，商务印书馆，1984，第38页。

② 张锦华：《教育溢出、教育贫困与教育补偿——外部性视角下弱势家庭和弱势地区的教育补偿机制研究》，《教育研究》2008年第7期，第21~25页。

“智力”由内而外的能动过程，强化摆脱贫困的坚定信念与胆识，两者相互强化，激活内生脱贫能力。

（二）阻断贫困代际传递，促进社会流动

贫困之所以会顽固性地代际传递，是因为基于血缘基础之上父辈的权威性与子辈对其的信赖感，父辈会把身体状况、发展能力和自然人文结构等可能的致贫因素直接或间接传递给下一代，继而形成这些因素在子代身上凸显甚至恶化的隐性与显性遗传链。以收入低下为特征的贫困代际传递容易阻断，因为无论是物资援助还是产业开发扶贫都能打破此种贫困的循环传递，而相对贫困的代际传递将会成为当前社会的现实难题。相对贫困的代际传递，大体可分为能力及功能代际传递、文化代际传递、结构及权力代际传递，多以隐蔽潜藏、相互影响的方式由父辈传递给子辈。

与贫困代际传递密切对应的是代际流动理论[①]和后致性代际传递理论，两种理论观点互为对方的前提条件和最终结果。代际流动理论指出在传统农业社会，通过先赋性代际传递[②]，子辈在垂直范围内天然具有获得工作机会、社会地位和权力的优先属性，指明血缘关系对应于时代，在社会流动中的优势作用。而后致性代际传递理论是指在现代工业社会，多数底层子辈必须依靠后天人为的教育手段，来改变处于劣势地位的相关社会属性，防止贫困代际传递。因为机会相对有限且稀缺，是获得其他社会属性的前提条件，所以后致性代际传递更加强调社会机会及其选择在改变人生境遇中的重要地位，而这种机会选择也多数靠教育获得。许多研究表明，教育为追求社会资源分配与占有的均衡化和合理化创造出雄厚的人资储备和实力，使底层贫困人口凭借这种人资积累以后致性代际传递的方式让阶层流动、享受权利福利和撕掉外界给他们贴上的懒惰、短见、文盲等的标签，这也就是彻底根除相

① 李晓明：《贫困代际传递理论述评》，《广西青年干部学院学报》2006年第2期，第75~78+84页。

② 郭丛斌、闵维方：《教育：创设合理的代际流动机制——结构方程模型在教育与代际流动关系研究中的应用》，《教育研究》2009年第10期，第5~12页。

对贫困代际传递的破解之道，保障脱贫后不返贫。基于此，教育帮扶通过帮助贫困人群增长知识、培育能力、提升素养以获得更多的选择机会与权利，能够消除社会贫富的“马太效应”，共享改革发展成果。即教育帮扶是在城乡二元结构现状与社会主义共同富裕矛盾与张力之间的良性减压器或缓冲器，凸显了教育的社会效益和公平价值。

（三）为“后脱贫时代”乡村发展积蓄能量

我国脱贫攻坚取得的伟大成绩，得益于包括教育精准扶贫在内的各种脱贫政策、体系与机制的健全与精细运行。在2020年贫困人口全部脱贫摘帽后，由于我国主要矛盾的变化以及城乡差距仍在，随着政策性支持和扶贫资源逐渐撤离贫困村，常态化的贫困治理与开发体系尚未完全成熟，贫困人群自我发展能力刚刚萌芽，后脱贫时代的相对贫困治理面临新的形势，体现在返贫高风险、保障脱贫兜底压力大、农村发展结构性失衡多方面。然而，贫困人口对美好生活的向往却与日俱增，鲜明的现实对比使得缓解相对贫困成为后脱贫时代的艰巨任务。因此，2020年后的扶贫将由对单维收入贫困转变为整体多维贫困的治理，由自上而下的压力型反贫转向反贫工作常态化机制的建立，实现后脱贫时代贫困治理与乡村振兴的精准衔接和协同推进。

穷则思变，变以教育先行。《国家中长期教育改革和发展规划纲要（2010—2020年）》和《关于实施教育扶贫工程的意见》多次强调，以贫困群众为中心，坚持主体地位，通过教育帮扶激发贫困主体的内生发展意识，积极响应配合、做好增权赋能，把长期教育扶贫开发融入国家后脱贫攻坚战略与乡村振兴全局规划之中，为后脱贫攻坚和乡村振兴的顺利实施奠定强大的理论基石和政策基础，是国家治理现代化与精准化在农村治贫和乡村振兴的全面体现。同时，教育精准扶贫可以为乡村建设储备人才，增强农村社区活力，有助于推进乡村社会迈上可持续发展的道路。

参考文献

[1] 阿玛蒂亚·森:《以自由看待发展》, 中国人民大学出版社, 2002。

[2] 段从宇、伊继东:《教育精准扶贫的内涵、要素及实现路径》,《教育与经济》2018年第5期。

[3] 侯晶晶、朱小蔓:《诺丁斯以关怀为核心的道德教育理论及其启示》,《教育研究》2004年第3期。

[4] 周辅成:《西方伦理学名著选辑》(下册), 上海人民出版社, 1964。

[5] 马斯洛:《人本哲学》, 九州出版社, 2003。

[6] 赵霞:《传统乡村文化的秩序危机与价值重建》,《中国农村观察》2011年第3期。

[7] 舒尔茨:《人力资本投资》, 商务印书馆, 1984。

[8] 张锦华:《教育溢出、教育贫困与教育补偿——外部性视角下弱势家庭和弱势地区的教育补偿机制研究》,《教育研究》2008年第7期。

[9] 李晓明:《贫困代际传递理论述评》, 《广西青年干部学院学报》2006年第2期。

[10] 郭丛斌、闵维方:《教育: 创设合理的代际流动机制——结构方程模型在教育与代际流动关系研究中的应用》,《教育研究》2009年第10期。

"三区三州"教育扶贫及返贫防控有章可循*

——基于云南怒江傈僳族自治州贡山独龙族怒族自治县调研材料

赵晋琳　李　凯　李兴敏**

【摘　　要】2020年是我国全面脱贫的攻坚年，作为"三区三州"之一的怒江傈僳族自治州，其教育扶贫和返贫防控工作已经积累了卓有成效的经验。2020年1月份，研究团队受中国教科院委托到该州临藏贡山独龙族怒族自治县进行了实地调研，总结出当地经验。调研发现，该州的教育扶贫及返贫防控经验对"三区三州"地区的扶贫攻坚有重要参考价值，尤其适用于情况相似的临近藏区。

【关 键 词】三区三州　教育扶贫　返贫防控

一　贡山经济与文化状况

贡山独龙族怒族自治县是一个典型的边疆、民族、山区、贫困、宗教五位一体的国家扶持开发工作重点县，境内有独龙族、怒族、傈僳族、藏族等

---

* 本文是西藏自治区教育科学研究2019年度课题"西藏自治区高中阶段教育普及攻坚现状调查及对策研究"（批准号：XZJKY19507）的阶段性成果。

** 赵晋琳，深圳大学教授；李凯，西藏自治区教育科学研究院教授；李兴敏，华图山鼎设计股份有限公司董事。

世居民族，从县内丙中洛乡可以直达西藏林芝，沿途是号称最美也最险的丙察察进藏公路。独龙江乡就位于贡山境内，是我国人数最少的民族之一——独龙族的聚居地，习近平总书记多次关心这里的群众生活并专门指示“全面实现小康，一个民族都不能少”。

贡山是典型的直过（由原始社会直接过渡到社会主义社会）民族地区，文化发展程度低而底蕴薄弱，群众对家庭教育的认识具有严重的局限性，更多地停留在朴素的民俗民风传承上，忽视了对子女理想信念、意志品质和文化知识的教育，县内单亲家庭子女和孤儿众多（据2013年的统计数据，全县单亲家庭子女和孤儿共有739人，占全县在校生总数的14.5%）。独龙江乡作为我国境内独龙族人口的聚居地，全世界独龙族人口的约六成聚居在此，还有约四成独龙族人口居住在邻国缅甸境内。由于长期交通闭塞，这里的独龙族民间文化非常独特，自然环境优美，然而居民生活十分贫困。

贡山县域内无中职（含）及以上院校，无民办学校，最高学府是贡山县第一中学，始创于1958年，是贡山县唯一的完全中学。独龙江乡有一所九年一贯制学校，学生主要来自独龙族、怒族、傈僳族等世居少数民族，其中，独龙族学生占学生总人数的99%。

二 教育扶贫与返贫防控工作成效显著

得益于国家、省、州各级政府的好政策和多年来根据本县县情制定的具体政策措施及其有力的贯彻执行，贡山教育扶贫和返贫防控工作取得了可喜成效。

（一）各学段入学率得到巩固。通过“联乡（镇）包村”和“三线四级联动”狠抓控辍保学工作，2016年底，全县小学适龄儿童入学率99.84%，辍学率0.22%；初中阶段毛入学率100.6%，辍学率0.34%，毕业率100%；残疾儿童入学率100%，残疾少年入学率75%；九年义务教育巩固率88.65%；学前一年入园率96.84%（2015年为55.69%），学前三年入园率58.53%（2015年为55.69%）。

（二）教育教学质量又有新提升。2016 年，该县高考成绩提升明显，本科上线率达 32.14%，比 2015 年提高 6.5 个百分点；高考专科以上上线率达 92.86%，比 2015 年提高 7.39 个百分点，与“十二五”初期相比提升 15.26 个百分点。中考成绩大幅上升，中考总平均分达 59.79 分，比 2015 年提高 11 分。小考成绩稳中有升，六年级毕业生总平均分达 61.69 分，比 2015 年提高 2.2 分。

（三）多项荣誉令人鼓舞。2012~2015 年，贡山连续 4 年在怒江傈僳族自治州教育目标管理考核中荣获一等奖；丙中洛中学和普拉底九年一贯制学校被评为省级“勤工俭学示范学校”；省定民族完小、普拉底九年一贯制学校被认定为“怒江傈僳族自治州现代教育示范学校”；在优质课竞赛中荣获省级二等奖 1 名，州级一等奖 3 名、二等奖 3 名、三等奖 6 名。

三 取得工作成效的原因分析

（一）得益于国家和地方政府扶贫好政策

1. 国家易地扶贫搬迁安置点建设

怒江傈僳族自治州素有壁画州的称呼，即原居民习惯散居高山上（废弃的首府知子罗就是典型例子），散居生活交通不便，子女无法就近上学。国家针对这种居住状态实施了易地扶贫搬迁安置工程，即将原居民从边远高山上的散居木屋中迁居出来，集中到山下城镇政府统一建设的安居楼居住；同时县里解决每户易地安居家庭的就业，安排他们在林业系统工作，在生活有保障的基础上，他们的子女也可以就近获得优良的教育资源。

2. 强制推行 14 年免费教育政策

怒江傈僳族自治州实行的是 14 年免费教育制度，经费由州财政支持。即免费阶段覆盖幼儿园 2 年、义务教育 9 年和高中 3 年，合计 14 年。为加大这一教育惠民政策的执行力度，县里采取了三步配套措施。

（1）向家长宣传这一教育惠民政策，进行普法教育，讲清楚“磨刀不误砍柴工”的道理，声明家长不送孩子上学是违法的。

（2）乡镇政府、学校和驻村工作队在家长拒不执行的情况下，依法控辍，如通知林业局解聘父母护林员工作，并实施罚款，不缴纳罚款的家长由法院强制执行。

（3）学校与学生本人谈心，让学生建立崇高的革命理想，克服早婚等不良传统习俗，让学生立大志做大事，刻苦学习，勇攀高峰。

（二）贡山独龙族怒族自治县的具体政策措施

1. 领导高度重视

（1）四套班子聚合力高规格推动挂钩联系工作

2014年5月19日，两办联合下发了2014年10号文件，名为《关于建立贡山县县级领导及相关部门挂钩联系帮扶学校制度的通知》，从制度层面上把四套班子重视教育工作、合力推动教育事业发展，推向了一个新高度。

以全覆盖为导向，通过精挑细选确定挂钩领导和联系单位，形成了由31名处级领导、17个县直部门组成的高规格挂钩联系体系。

（2）政府常务会议专题研究教育重点工作

县委、县人民政府立足当前、着眼长远，从战略和全局的高度大手笔科学谋划教育，对教育工作中存在的困难，及时研究解决，做到优先办理、特事特办。2016年1月十四届县人民政府第二十次常务会议以来，每次会议都对教育工作进行了重点研究。

2. 财政投入只增不减

贡山是全州、全省乃至全国最贫困的少数民族自治县，地方财政十分紧张，自给率不到10%，但无论面对多大的压力，历届党委政府都尽最大努力保障教育投入只增不减。

（1）率先在全州实施寄宿学生生活补助。从2000年起，贡山在全州率先实施寄宿学生生活补助，对义务教育阶段独龙江寄宿学生每生每年补助600元生活费，对其他乡（镇）义务教育阶段学生每生每年补助450元生活费，补助标准名列全州前茅。2010年起补助范围延伸到高中阶段贫困家庭寄宿学生。县级财政投入的寄宿学生生活补助2013年为190万元，2014年为189万元，2015年为197万元，2016年为174万元，投入比例占当年县财政收入的4%~6%，极大地改善了学生生活。

（2）率先在全州实施乡村教师生活补助。针对该县乡村教师“数量短缺，招聘空岗率高，流失严重”等问题，为确保乡村教师“招得来、下得去、留得住、教得好”，促进乡村义务教育均衡发展，县人民政府将乡村教师生活补助划分为四类纳入县级财政预算予以保障。从2016年1月起，一类学校（茨开镇校点）每人每月补助500元，二类学校（丙中洛中心校、丙中洛中学、捧当中心校、普拉底九年一贯制学校）每人每月补助600元，三类学校（丙中洛乡、捧当乡、普拉底乡境内的校点）每人每月补助800元，四类学校（独龙江乡境内学校）每人每月补助1000元。

（3）率先在全州安排教育改革财政专项资金。2014年5月22日，县十四届人民政府第十一次常务会议通过了《贡山县教育发展改革方案》，从2015年起，每年安排100万元财政专项资金用于教育综合改革，广泛开展国学经典诵读、立德树人“55511”工程等系列教育改革。

3. 民族文化传承和技能教育融于日常

（1）继承非遗传统，展现民族文化

独龙江乡是中国人口最少的少数民族之一独龙族居住地，交通曾经长期极度闭塞，即使在贡山境内，也属于不易达到的边远乡，从而较好地保留了原始自然风貌、原始人文景观及风俗文化，年纪大的妇女保留着纹面，整个民族具有独特的宗教信仰，因此成为闻名的旅游胜地。

独龙江乡九年一贯制学校根据学校实际情况和学生年龄特征，发挥传承独龙族民族文化的自身优势，充分吸收当地民族民间文化的核心要素，大胆地进行改良和创新，将优秀的民族民间文化作为素质教育的内容纳入教学计划。

学校定期聘请当地民间手艺传承人给学生上独龙毯编织、竹器编织劳动实践课；邀请独龙族民间艺人到校指导师生、用独龙语编唱爱国歌曲，排练独龙族锉锣民间舞蹈；还在课表中安排双语课程，组织本土教师在课堂上给学生讲独龙族民间故事。

（2）学习传统文化，体会民族大家庭的繁荣

丙中洛乡被誉为“人神共居”的世外桃源，多民族（怒族、独龙族、傈僳族、藏族、汉族）与“四教”（原始宗教、基督教、天主教和藏传佛教）并存。

丙中洛中学结合本校地多民族和谐共处的地缘特征，开展民族团结的家校教育活动，让学生感受到各民族文化的姹紫嫣红和不同宗教的特色，为接待美丽怒江公路开通后云集的游客，事先掌握必备的传统文化知识，同时加深对中华民族大家庭繁荣昌盛、团结和睦的印象，学生们对祖国的感情由此更加深厚，更加热爱祖国。

（3）勤工俭学中掌握生产技能

普拉底九年一贯制学校是全寄宿制学校，目前有学生520人，在普拉底乡政府驻地，乡民生活贫困，学生家庭条件普遍较差。学校于是针对性地开展勤工俭学活动，主要途径是养猪和种菜。从2014年9月起，普拉底九年一贯制学校不断挖掘家长和社会资源，结合学校大棚蔬菜基地、种植养殖基地的优势，让懂蔬菜技术的学生家长当课外辅导教师，让学生走进蔬菜大棚上实践课，学习劳动技能。种菜主要以学生为主，班主任负责组织、指导和监督学生劳动，学校把菜地平均分配到每一个班，以班为单位统一安排种植。学校在种菜、养猪过程中，合理利用资源，将学生食堂的剩饭剩菜用来喂猪，又用猪粪给菜地施肥，学校每学年生猪出栏数100多头，目前生猪存栏数达到80头，保证了学校每星期至少可以宰杀3头猪，学生每天能吃上一顿肉，极大地改善了学生的伙食。这一措施，既让学生学到知识，又改善了办学条件。

4. 落实管理责任，让“两后生”接受中职教育

“两后生”是指初中毕业后未升学和高中毕业后未升学而返乡的学生，历年积累的“两后生”是一个庞大的群体，他们缺乏就业必备技能，成为新一代贫困人口。

让“两后生”接受中等职业教育，可以使他们掌握谋生技能，减轻家庭供他们继续深造的经济压力，促进当地产业向第二产业和第三产业转型。2017 年该县制订了“两后生”工作实施意见，2018 年各部门制定了一系列相应文件并开展工作。应届“两后生”由县教育局牵头开展政策优惠宣传动员工作，往届“两后生”由人力资源和社会保障局牵头，县团委乡镇政府协助安排入读职业学校。2018 年，该县应届“两后生”182 人，入读怒江职业技术学校 141 人，入读率 77.4%，政府组织车辆将“两后生”由家门送到校门。

5. 防止学生辍学形成制度

（1）“联乡（镇）包村”制。普及九年义务教育和第一轮教育工作督导评估期间，各级人民政府采取“联乡（镇）包村”的举措来抓控辍保学工作，把学龄儿童辍学率纳入乡村两级干部考核指标体系，取得了显著成效。

（2）三线四级联动制。为适应经济新常态下的教育工作督导评估和义务教育均衡发展，进一步把“联乡（镇）包村”拓展为“三线四级联动”。三线指县委、政府、教育三条线；四级联动指县委、政府统筹领导，乡（镇）、部门具体推进，村（居）委会、学校分头落实，人民群众积极配合的联动机制。

（3）乡（镇）村组逐级落实到户

党和政府的教育惠民政策落实有一定过程，县里通过乡有普法、村有村规、组有组约、村民有承诺逐步逐级落实到户。

乡（镇）有普法

该县地形海拔变化大，决定了道路建设数量不多，各乡镇所有交通道路醒目之处都有“不送子女接受义务教育是违法行为”等普法标语，使基本教育法律规定人人皆知。

村有村规

乡里各村都有适合村情的解读性村规，例如丙中洛乡的丙中洛村村规民约第七章第 1 条规定“找借口让孩子休学或辍学，取消一切惠民政策”。

组有组约

村里各组有解读性组约，如秋那桶村的青那小组《组规民约》第13条规定“适龄儿童、少年的父母或其他法定监护人应依法保证其按时入学并完成义务教育”。

村民有承诺

组内要求村民签署承诺书，例如《丙中洛镇乡村文明九条》承诺书的第4条中声明“不按时督促子女上学，出现一次，罚款200元”。

四　经验总结

综上，贡山独龙族怒族自治县教育扶贫与返贫防控工作的成果，首先归功于国家和各级政府长期以来对民族贫困地区的扶贫好政策，其中易地扶贫搬迁安置点建设和强制推行14年免费教育政策起到了关键作用。

当然，成绩的取得与该县从教育扶贫与返贫防控实践中提炼出的5条经验密不可分。这5条经验为：第一，领导高度重视；第二，财政逐年对教育投入只增不减；第三，民族文化传承和技能教育融于日常；第四，“两后生”接受中职教育责任化；第五，防止辍学制度化。

鸣谢：本次调研感谢贡山独龙族怒族自治县教育体育局张三豹同志、李文青同志和局领导、局教育扶贫办等机构的鼎力协助！感谢中国教育科学研究院教育发展与改革研究所给予的全程指导！感谢深圳大学经济学院和华图山鼎设计股份有限公司给予的多方支持！

参考文献

[1] 南海：《经济新常态下教育精准扶贫与新经济增长点培育——以重庆沙坪坝区为例》，载李兴洲、白晓、张琦主编《中国教育发展与减贫研究》2019年第1辑，社会科学文献出版社，2019。

[2] 李兴洲、邢贞良：《攻坚阶段我国教育扶贫的理论与实践创新》，《教育与经济》2018年第1期。

[3] 刘苏荣：《深度贫困地区教育扶贫面临的问题及政策建议——基于云南省怒江州的565份调查问卷》，《西南民族大学学报》（人文社会科学版）2020年第2期。

[4] 吴晓蓉、范小梅：《教育是实现特困地区有效脱贫的路径保障——以“三区三州”特困地区为分析个案》，《西北师大学报》（社会科学版）2020年第2期。

[5] 吴霓、王学男：《党的十八大以来教育扶贫政策的发展特征》，《教育研究》2017年第9期。

开放办学　内涵发展
文化引领　服务社会

——关于河北省玉田县职教中心不断推进职业教育创新发展的调查报告

石宝华*

【摘　　要】河北省玉田县职教中心不断推进职业教育改革创新，实现了学校规模、质量、结构、效益协调发展，成为河北省职教强校、全国职教名校，被确定为全国重点中等职业学校、全国重点技工学校、国家中职改革发展示范学校。其经验做法启示我们，要从战略高度认识职业教育的重要地位和作用，下决心办好县级职教中心；要积极推进职业教育改革创新，不断提高教育质量；要对接科技发展趋势和市场需求，合理调整专业结构；职业学校要以勇于担当的精神，积极承担教育扶贫责任。

【关 键 词】职业教育　人才培养　教育扶贫　玉田县职教中心

走进河北省玉田县职教中心（中等职业学校）的大门，迎面教学大楼

* 石宝华，曾长期从事军队政治工作研究和干部教育培训工作，现任中国老区建设促进会执行会长，研究方向为老区建设和老区精神、思想政治工作、教育扶贫。其他调研组成员：司树杰，曾长期从事扶贫工作，现任中国老区建设促进会副会长，老区职业院校扶贫发展联盟理事长，研究方向为精准扶贫、教育扶贫；姜明炆，博士，老区职业院校扶贫发展联盟副理事长，研究方向为职业教育、教育扶贫。

的上方有一条醒目的标语："开放办学　内涵发展　文化引领　服务社会"。这是该校的办学理念，也是它这些年发展足迹的真实写照。

玉田县职教中心创办于改革开放之初的1983年，占地170亩，建筑面积7万平方米，其中实训面积2万平方米。拥有实训楼3栋，大型实训车间2个，实习实训场（室）71个，配套各类实训设备4316台（套），价值4446万元。学校有在职教师320人，其中国家级名师1人，省级专家库成员2人，省级名师、骨干教师、教学能手14人，技师41人，高级技师11人。学校依据国家经济发展趋势，实行专业设置动态调整机制，目前开设机电技术、机械制造、机械加工、会计电算、工艺美术等六大类共15个专业。学校有全日制学生4523人，非全日制学历教育和社会培训年均2万余人次。

近年来，特别是党的十八大以来，玉田县职教中心乘国家全面深化改革的东风，坚持以"开放办学、内涵发展、文化引领、服务社会"为办学理念，以"培养有素养、有技能、有知识、有文化的应用型人才"为办学目标，以有利于学生就业创业、有利于区域经济发展为办学导向，不断创新集团化办学模式、学岗融通的人才培养模式、理实相接的教学模式和校企一体的教学评价模式，实现了学校规模、质量、结构、效益协调发展。经过多年努力，玉田县职教中心成长为河北省职教强校，全国职教名校，被确定为全国重点中等职业学校、全国重点技工学校、国家中职改革发展示范学校、河北省精品学校，先后荣获全国教育系统先进集体、全国教科研先进单位、全国中等职业学校就业安置先进单位、全国中等职业教育德育工作试验基地、全国创建和谐校园先进单位、河北省职业教育先进集体等荣誉100多项。

一　玉田县职教中心推进职业教育创新发展的基本做法

（一）创新"校企合作、资源共享"的办学模式，依靠社会力量发展职业教育

产教融合、校企合作，是激发职业教育办学活力，促进优质资源开放共

享的重大举措，也是推进现代职业教育体系建设，完善职业教育人才多样化成长渠道的重要载体。为推进产教融合、校企合作，2014年5月，玉田县职教中心在县委、县政府支持下，牵头成立了唐山市首个由中职学校发起的职教集团——玉田县装备制造业职教集团，联合县内外职业学校、行业协会、装备制造企业的19家（目前已发展到26家）单位组成校企联合体，共同建设实训中心，共同制定课程标准，共同开发使用教材，共同制定评价标准，共同培养技术技能人才。集团在理事会领导下，专门设立了“专业建设指导委员会”和“校企合作论坛”，经常在一起总结交流学校和企业发展情况，预测企业对人才数量、类型的需求，分析学校教育教学中遇到的问题和困难，研究探讨培养企业发展所需技术技能人才的新思路、新对策、新方法。集团内的企业对学校给予有力支持。玉田印刷机械协会、天津长城汽车股份有限公司、新宏昌重工集团等单位先后投入近100万元与学校共建实训中心。学校也主动针对集团企业需求，深入企业对员工进行岗位、技术、礼仪等培训，提高在职员工的综合素质。集团化办学实现了专业设置与产业需求、课程内容与职业标准、教学过程与生产过程的深度对接，校企从“合作式”办学走向“一体化”办学。

（二）创新“学岗融通、理实对接”的教学模式，提升人才培养质量

所谓“学岗融通”，就是把学生的学习专业与工作岗位的实际需要紧密衔接起来，未来打算干什么学校就教什么，努力增强专业的针对性、实用性。具体做法就是实行企业“四进专业”，实现校企“四个融合”，最后达到专业“四个提升”，即：企业生产标准进专业，与学校课程相融合，提升教学内容的针对性；企业技术人才进专业，与教学活动相融合，提升专业教学的实践性；企业产品进专业，生产与教学相融合，提升学生岗位适应能力；企业生产设备进专业，学校与工厂相融合，提升学生实习效益。

所谓“理实对接”，就是学校在教学上特别注重理论与实践的结合，书本知识向实际能力的转化。具体做法就是“四个根据四个完善”：根据企业

岗位需求完善课程体系，根据企业生产过程完善教材内容，根据企业生产生活特点完善学校环境，根据学生实际接受能力完善教学方法。学校每年组织400多名学生到企业开展实践活动，其中有300多名学生顶岗实习，安排技术好、有经验的工人师傅手把手地教、一步步地带。为促进理论实践一体化教学，学校注意改进教育评价体系。在评价主体上，政府、学校、企业、家长、学生共同参与；在评价内容上，对知识、技能、素养、成果、品格等各方面的情况进行综合考评。在评价方法上，既看书面考试成绩，又看实际操作能力。

（三）创新"追踪产业、动态调整"的专业设置模式，增强人才培养的针对性、前瞻性

学校时刻关注国家经济建设发展大势，加强具有品牌优势的国家、省级示范专业和重点专业建设，构建与产业发展需求相适应的专业群。近年来，学校伴随产业转型升级，认真落实国家关于"推动学科专业建设与产业转型升级相适应"的要求，紧紧围绕唐山市提出的"建设环渤海地区新型工业化基地，加快构建现代产业体系"的目标，通过到企业调研走访、分析传统专业利弊，及时调整专业设置方向，向智能制造、新能源、电子商务、现代服务业等产业靠拢。经过努力，很快实现了两个升级四个新建：升级了高规格电子商务中心和全套学前教育专业实习设施设备，并与玉田鸦鸿桥电子商务产业园、华悦互联（天津）教育科技有限公司签订了战略合作协议；新建了新能源汽车装调与检修、工业机器人运用与维护、电器设备安装与维护、计算机平面设计四个专业。为保证专业转型升级的标准和质量，学校先后投入600多万元，在电子商务专业增设电子商务综合实训室、O2O新零售体验馆、创业孵化中心、校园物流小邮局和商品拍摄与图形处理工作室；在学前教育专业装备了书画教室、手工教室、电钢琴室、形体训练室、合唱教室、录播教室、幼儿园模拟教室等实训设施设备；分别完善了新能源汽车和工业自动化机器人实训中心。与此同时，聘请厂家、商家的技术人员来校培训，做到设备与技术同步升级。

学校还根据自己所处的区位适时进行专业微调，使人才培养适应县域经济发展需要。印刷机械制造在玉田县起步早、起点高，制造水平在业界领先，是县域特色产业之一。学校就主动与玉田印机协会联系，针对印机产业对用工的特殊要求，专门开办了“玉田印机班”，定向招生培养，及时为企业输送合格人才。玉田泥人制作在京东一带很有名气，是比较典型的玉田传统文化产品。学校将玉田泥人制作技法与唐山骨瓷制作技法相融合，请师傅进课堂教，让学生进工厂跟师傅学，与合作企业共同研发具有泥人艺术元素的骨瓷新品——翡翠骨瓷，批量销往韩国市场，给传统文化赋予了新的活力。学校还积极对接县内重点招商项目，实施针对性人才培养。2017年，北京同仁堂生物制剂、北京印刷机械等重点项目落户玉田，学校主动登门问需，很快与项目方达成人才培养合作意向。

（四）创新“定向招生、订单培养”的学生进出模式，保证毕业生实现稳定就业

前些年，人们反映职校毕业生就业难，影响了农村孩子报考职校的积极性。为解决这一问题，玉田县职教中心探索创新了“定向招生、订单培养”的学生进出模式。2010年以来，学校先后开办“玉田印机班”“昌泰纸业班”“海泰新能班”“中粮包装班”“长城汽车班”“新宏昌重工班”“恒裕铭班”等近20个企业订单班，涉及企业150余家，其中县内企业80余家，每年定向招生1000余人。这些订单班，从课程设置、实训内容、实习方式到师资选择等方面与企业要求全面对接，培养的学生都是企业欢迎和需要的“准员工”。有的企业主动为订单班发放奖学金。订单式培养使毕业生稳定就业有了可靠保证，也使企业实现了员工招聘、培训、评价“三个前移”。在长城汽车第七届人才战略推介会上，玉田县职教中心被授予“最佳服务支持奖”。对非订单班毕业生，学校每年组织春、秋两场大型综合招聘会和若干单独招聘会，为学生就业提供了广阔的选择空间。

在实行订单式培养，保证毕业生稳定就业的同时，学校还针对一部分学生渴望继续升学的意愿，积极拓宽升学渠道，确保学生“就业有保证、升

学有通道”。截至目前，开通了四条升学渠道：一是高职单考单招；二是职业技能测试和文化考试相结合的对口高考；三是通过中考成绩直接升入大专的“2+3”中高职分段培养，与唐山工业职业技术学院和唐山职业技术学院合作开设了机电一体化、会计电算化、工艺美术、计算机应用技术、汽车运用与维修技术等专业，已有378名学生被录取；四是普通高考，2014年以来有633名学生升入高等院校。成人高考本科共计1878人上线并接受函授教育。多样的升学方式为职中学生多样性选择、多路径成才搭建了“立交桥”，也增强了学校对学生的吸引力，提高了学校的社会影响力、竞争力。

（五）创新“授课+答疑+实践”的农民培训模式，努力提高培训效果

玉田县职教中心坚持学历教育与非学历教育并举，积极承担农民短期培训任务，充分发挥职业教育服务社会、服务“三农”的作用。为切实提高农民短期培训质量，学校探索创新了“授课+答疑+实践”的教学模式和“送课下乡、观摩学习、重点指导”的教育模式。一是彻底打破“满堂灌”的做法，采取前半时授课、后半时答疑，或者先让学员提问题，而后老师有针对性授课的课堂模式。这样授课，传授了学员最想学到的知识和技能，也回答了他们最关心的问题，受到大家的欢迎。二是彻底打破理论与实践脱节的教学现象，充分利用多媒体课件和现场实地讲解的做法，将理论与实践紧密结合，将高深的科技知识具体化、形象化，利于农民掌握和运用。三是打破实地观摩的短期效应，将观摩和指导两个环节结合起来。农民短期培训一般都安排学员实地参观，但以往的参观多是转一圈就走，是典型的走马观花。现在，不仅组织学员细致参观、请专家现场讲解，还安排了互动环节，让学员就自己在实践中遇到的一些技术难题现场向专家请教，增强了学员的理解力和自信心。

为巩固发展农民短期培训成果，学校不是搞完了十天二十天的培训就撒手不管了，而是坚持跟踪服务。一是利用QQ群、微信群，实现师生互动交流、专家在线答疑、信息资源共享；开设“农民教育微信课”专栏，将农

民教育课程制成电子微课，让农民实现“掌上学习”。二是学校根据县域农业特色，自办《农民科技报》，开设培训动态、政策法规、农技课堂、学员风采、学员心得等版块，让学员了解国家的强农、惠农、富农政策，丰富自己的农技知识。三是做好学员的回访及后期技术指导工作，选派专业骨干教师不定期地到田间地头、农户家里进行沟通交流，给予农民技术上、理念上的精准指导，为农民创业当参谋、出主意。农民说，这才是“一日为师，终身指导”。

（六）创新“校内提升、校外引入”的教师培养模式，建设复合型教师团队

设在县域的中等职业学校师资来源不足、教师水平受限，是一个普遍性的难题。玉田县职教中心从“校内提升、校外引入”两个方面入手，努力建设一支专业能力水平与学科专业建设相适应的师资队伍。

在校内提升方面，一方面构建完善了“德—技—研”教师培训体系，即集师德、技能、科研于一体，以活动修师德，以比赛提技能，以培训促科研。另一方面以专业带头人、骨干教师、双师型教师队伍建设为目标，制定《专业带头人评选标准》《优秀教研组考核评价办法》，以评促建；选派专业带头人、骨干教师参加对口培训，以培促建；采取“三人课两人教，腾出一人下企业”的办法，以练促建。通过专业提升式、“青蓝”助推式、科研引领式、企业实践式等多种方式，持续提升教师专业能力。

在校外引入方面，“不拘一格降人才”，积极聘请企业技术和管理人才到学校任教，不求为我所有，但求为我所用。天津长城汽车有限公司、中粮包装（天津）有限公司、玉田印刷机械协会等企业、机构的“师傅”先后进课堂授课，用师傅带徒弟的形式教学生技术技能。同时学校专任教师跟班听课，跟踪学习企业技术人员的“学徒式”授课方法，呈现出一幅“学生跟着师傅学技能、老师站在旁边学教法”的独特课堂文化景观。目前学校有比较固定的企业兼职教师20余人。校企双方经常通过专业建设研讨会、校企合作论坛等平台，加强教学研究，实现共同提高。双主体（学校、企

业）双师型（教师、技师）的“产教融合”式教师队伍逐渐形成。

除了有比较固定的兼职教师，学校在承担农民短期培训任务时，还大量聘用县农业、林业、牧业、电力、水务等部门和农技站、果树站的管理人员、工程师、技术员以及农民专业合作社示范社的董事长、总经理到培训班授课，借以弥补校内师资力量的不足。

（七）创新“以人为根本，以融为主题”的校园文化，引领学生健康成长

文化是一所学校的灵魂和命脉，引领学校的发展方向，引领学生的健康成长。玉田县职教中心以“学做人之道，修立业之本”为核心，以“融心、融智、融行”为主题，精心进行校园文化设计，努力建设以精神文化为引领的幸福校园，以环境文化为标志的生态校园，以管理文化为重心的和谐校园，以行为文化为支撑的文明校园，以课程文化为依托的学术校园。融心，就是不仅教学生以知识和技能，更注重其品德修养和积累，不间断进行文明礼仪、社会公德、人文精神、职业素养、企业精神教育，让学生行走在理性和诗意之间。融智，就是汇聚各种社会资源，凝聚各方办学智慧，达到“开与合互补、容天下之识，收与放相接、纳时代之智”的境界。融行，就是奉行“勇于行，硕于果”的宗旨，千方百计谋求教师发展、专业发展、学校发展，更好地服务于科技强国，服务于社会发展，服务于学生成才，让学生享受成功的幸福，让老师享受成长的幸福，让家庭享受圆梦的幸福。

二　玉田县职教中心推进职业教育创新发展取得的丰硕成果

（一）学校全面建设实现跨越式发展

通过不断改革创新，玉田县职教中心的全面建设发生很大变化，实现跨越式发展。近几年县政府先后投入6000多万元用于改善职教中心办学条件，

学校基础设施逐步完善，成为建筑大气、环境优美的花园式校园。实训设施达到国内县级职教中心的一流标准，其中数控技术实训基地和电子电工与自动化技术实训基地被教育部认定为国家级实训基地。教师团队达到“德教学研”四优，会计电算化、机械制造技术两个教研组获得省级优秀教学团队称号，教师中有35人次获得省级以上荣誉称号，212人次参加国家、省级业务竞赛并全部获奖，其中有6人获得国家级一等奖，开发了28门专业课程，公开出版23部一体化教材。学校招生规模由起初的几百人发展到将近5000人，在县级中等职业学校中处于领先地位。教育质量越来越好，2016~2019年三年时间，学校在河北省中等职业学校质量提升工程（简称“120工程”）20所精品学校项目建设中，从全省第19名上升到第10名，进入全省10强。

（二）为企业培养和输送大批合格人才

学校培养了一批又一批学习成绩优良、达到现代企业用工标准的人才，连续10年以上就业率100%。近5年为京津冀输送高质量毕业生5000人，企业满意率98%以上，是天津市人力资源和社会保障局认定的人力资源输送合作机构。目前与该校保持长期稳定用工关系的企业有150余家，其中包括7家大型央企、国企，6家全国500强企业，3家中外合资企业。安排到这些企业的玉田职中学生中，已有180多名成长为企业中层以上管理者，300多人成为企业技术骨干。

（三）在教育扶贫中发挥重要作用

玉田县不在贫困县之列，在校学生家庭中属于建档立卡贫困户的也不多。然而，玉田县是典型的农业大县，“三大一小”（大白菜、大罗卜、大葱，小枣）虽有一定名气，但卖不出好价钱，老百姓收入有限，不少人家处于相对贫困状态。而进入职中的学生，大多来自这样的家庭。但让学生家长意想不到的是，职中学费、书费、住宿费全免，对于建档立卡贫困家庭的学生，更采取了“免伙食费+提供公益岗”的方式，不仅解决了贫困学生的生活费难题，还培养其“劳动光荣、自强自立”的美德。经过短短三年学习，孩子就有了比较稳定的工作和比较理想的收入，不仅改变了孩子的命运，也使家庭摆脱了贫困。也就是说，职教中心每年可以帮助1000户左右的农户改变贫困面貌。

（四）助推农民转型和县域经济建设

学校紧密对接京津冀协同发展，积极为县域经济转型升级提供教育服务和人才支撑，已成为国家技能鉴定中心、河北省新型职业农民培训基地和县里的特种工培训基地、安全生产培训基地、就业再就业培训基地和会计人员培训基地。学校除完成学历教育外，还采取送教进企、送教下乡、引训入校等方式，多渠道、多层次、多形式地开展各类培训与技能鉴定，年培训量达到2万人次，为促进传统农民向新型职业农民转型，促进县域经济提速发展做出了应有贡献。

三　玉田县职教中心推进职业教育创新发展的启示

（一）要从战略高度认识职业教育的重要地位和作用，下决心办好县级职教中心

大力发展职业教育，是落实科教兴国战略和人才强国战略，全面提高国民素质，增强国家综合实力和国际竞争力的重要举措，也是解决“三农”问题、促进就业再就业、构建和谐社会的重要途径。随着我国进入新的发展阶段，产业升级和经济结构调整不断加快，各行各业对技术技能人才的需求越来越紧迫，职业教育重要地位和作用日益凸显。加快职业教育，特别是加快中等职业教育发展，是一项重要而紧迫的任务。国家要求，每个市（地）都要重点建设一所高等职业技术学院和若干所中等职业学校，每个县（市、区）都要重点办好一所起骨干示范作用的职教中心（中等职业学校）。我们应当向玉田县那样，高度重视县级职教中心建设，加大经费投入，改善办学

条件，强化师资力量，创新办学模式，努力使其成为人力资源开发、农村劳动力转移培训、技术培训与推广、扶贫开发和普及高中阶段教育的重要基地。

（二）要积极推进职业教育改革创新，不断提高教育质量

“问渠那得清如许，为有源头活水来。”玉田县职教中心的实践证明，要把中等职业学校办出水平、办出特色，使之充满生机与活力，根本出路在改革、在创新。我们要按照2019年2月国务院制定的《国家职业教育改革实施方案》，坚定不移地推进职业教育改革创新。要把标准化建设作为统领职业教育发展的突破口，建立健全学校设置、师资队伍、教学教材、信息化建设、安全设施等办学标准，使职业教育逐步实现现代化，更好地为现代制造业、现代服务业、现代农业发展和促进就业创业服务。要落实好立德树人根本任务，健全德技并修、工学结合的育人机制，完善职业教育评价体系，规范人才培养全过程。要深化产教融合、校企合作，健全多元化办学格局，推动企业深度参与协同育人。要借鉴德国、日本、瑞士等国家经验，统筹多种资源，采取校企合作的形式，建设一批资源共享，集实践教学、社会培训、企业真实生产和社会技术服务于一体的高水平职业教育实训基地，为职业院校在校生实习实践、取得职业技能等级证书和企业提升人力资源水平提供有力支撑。要坚持“以服务为宗旨、以就业为导向”的职业教育办学方针，积极推动职业教育从计划培养向市场驱动转变，从传统的升学导向向就业导向转变。

（三）要对接科技发展趋势和市场需求，及时调整专业结构

玉田县职教中心的毕业生之所以受到企业青睐，就业率能够达到100%，是因为玉田县职教中心紧紧追踪产业转型升级和企业对人才的需求，适时进行专业调整。而一些职业学校的学生不受企业欢迎，毕业生找不到合适的工作，一个重要原因是这类学校专业设置滞后，人才培养的起点和层次不高，与企业需求不合拍。因此，职业学校的专业设置必须立足当前、着眼

长远，具有针对性、前瞻性。2015年5月，国家制订的《中国制造2025》规划明确提出，要把人才作为建设制造强国的根本，加快培养制造业发展急需的专业技术人才、经营管理人才、技能人才，建设一支素质优良、结构合理的制造业人才队伍。2019年2月国务院发布的《国家职业教育改革实施方案》明确要求："牢固树立新发展理念，服务建设现代化经济体系和实现更高质量更充分就业需要，对接科技发展趋势和市场需求，完善职业教育和培训体系，着力培养高素质劳动者和技术技能人才，为促进经济社会发展和提高国家竞争力提供优质人才资源支撑。"这应当成为职业学校专业设置和调整的基本着眼点。

（四）要认真解决县域中职学校教师来源问题，努力打造"双师型"教师队伍

此次调研中，玉田县职教中心的同志反映，县域职校招聘教师是个难题。专门培养职业技术学校教师的师范院校本来就少，那里的毕业生又不肯到县里来就业，县域职校的教师主要靠学校自己招，但普通初、高中的老师不愿意来，企业适合教书的技术人员因为学校的薪酬远远低于企业的薪酬也不愿意来，很难招到拔尖的老师。玉田县职教中心的老师大多是从乡镇小学选来的。经过连续几年的培养和磨炼，他们才逐步适应职校教学需要。现在，《国家职业教育改革实施方案》提出，职业院校、应用型本科高校相关专业教师原则上从具有3年以上企业工作经历并具有高职以上学历的人员中公开招聘；加强职业技术师范院校建设，优化结构布局，引导一批高水平工科学校举办职业技术师范教育；实施职业院校教师素质提高计划，建立"双师型"教师培养培训基地，职业院校、应用型本科高校教师每年至少1个月在企业或实训基地实训，落实教师5年一周期的全员轮训制度；定期组织选派职业院校专业骨干教师赴国外研修访学；建立健全职业院校自主聘任兼职教师的办法，推动企业工程技术人员、高技能人才和职业院校教师双向流动；职业院校通过校企合作、技术服务、社会培训、自办企业等所得收入，可按一定比例作为绩效工资来源；完善企业经营管理和技术人员与学校领导、骨干教师相互兼职兼薪制度。玉田县职教中心的同志反映，这些都是非常好的政策，期盼能够尽早落地落实。他们提出，有些事情不是学校甚至教育局自身所能解决的，希望省、市、县级政府特别是县级政府拿出具体政策。

（五）职业学校要以勇于担当的精神，积极承担教育扶贫责任

教育扶贫承担着“两不愁、三保障”之“保障义务教育”的底线目标，肩负着“五个一批”之“发展教育脱贫一批”的重点任务，既是脱贫攻坚的重要组成部分，又为脱贫攻坚提供人才支撑和智力保障，是脱贫攻坚的治本之策、长远之策、战略之策。习近平总书记指出：“脱贫攻坚期内，职业教育培训要重点做好。一个贫困家庭的孩子如果能接受职业教育，掌握一技之长，能就业，这一户脱贫就有希望了。”① 2016年12月教育部等六部门制定的《教育脱贫攻坚“十三五”规划》提出：“大力发展职业教育和培训，以提升建档立卡等贫困人口的基本文化素质和技术技能水平为重点，全面提升贫困地区人口就业创业、脱贫致富能力。”职业学校要充分认清自己肩负的重要使命，下大力气做好农村学生培养工作，对贫困家庭的学生给予更多关怀，落实对建档立卡等家庭经济困难学生的倾斜政策，同时积极承担贫困农民培训任务，在教育扶贫中发挥应有作用。

后记：2019年11月上旬，本刊编辑部调研组慕名前往玉田县职教中心采访调研，受到县领导、教育局和职教中心热情接待。职教中心张铁庄、张婧等领导和老师全面介绍了学校情况，并为我们提供了大量文字资料。本文第一、二部分依据采访记录和学校提供的内部材料、新闻稿件整理而成。发稿之际，向有关领导和学校提供的材料、稿件的原作者致谢。

① 《习近平关于社会主义建设论述摘编》，中央文献出版社，2017，第54页。

• 典型案例 •

立足教师教育特色，续写“援藏良驹”荣光

——岭南师范学院教育援藏案例分析

兰艳泽　黄　桦*

【摘　　要】“援藏良驹”是《人民日报》对岭南师范学院援藏学子的美称，是岭南师范学院援藏精神的代名词。具有百年师范教育历史的岭南师范学院，三十余年来立足教师教育特色，结合援藏所在区域的教育发展需求，聚焦师范生培养以及援藏地区师资队伍与智力帮扶，通过基地建设、实习支教、师资培训等途径，形成系统化、立体式教育援藏工作格局，教育援藏工作取得积极成效。进入新时代，岭南师范学院教育援藏工作亦有“文化回应教学”“互联网+教育援藏”“援藏监督和效益评估双重”等新思考，续写“援藏良驹”荣光。

【关 键 词】教育援藏　援藏良驹　岭南师范学院　教师教育

一　岭南师范学院教育援藏之路

1987 年，岭南师范学院法政学院毕业生龙家玘奔赴西藏，成为岭南师

*　兰艳泽，岭南师范学院院长；黄桦，岭南师范学院教师。

范学院（以下简称为“岭师”）教育援藏第一人，自此拉开了岭师人教育援藏的序幕。

（一）21世纪初期岭师人的援藏故事

2002年，杨楚洵、钟戊华、李再超、屠艳荣和刘秀政5位岭师应届毕业生决定赴藏支教，是当年广东省援藏8人队伍中的主力成员；2003年，古桂云、冯敏芝、郭振、王春霞、张恩、林涯6名岭师应届毕业生投身西藏林芝地区教育事业；2004年，李霞、谢秀梅、黎锦波、巫绍明4名岭师应届毕业生选择西藏作为自己毕业后人生旅途的首站。2002~2004年，岭师相继有15名毕业生到西藏支教，占同期广东省高校援藏毕业生总数的70%。

校友陈观如于2002年7月受省委组织部委派，赴西藏林芝地区被称为高原“孤岛”的墨脱县任县委书记。他在任职期间带领墨脱县创造了九个第一，使该县的财政收入翻了一番，荣立三等功4次。在他2004年任满离开县城那天，欢送的人群队伍有两公里长，人们流着眼泪高喊：“陈书记一路平安，好人一生平安。”该县80多岁的政协副主席抱着他流出了老泪。陈书记的事迹，不仅感动了墨脱的父老乡亲，在湛江也引起了巨大反响，回湛后被选为湛江市“保持共产党员先进性”的典型，在湛江市做巡回报告。

（二）近十年岭师人的教育援藏升级之路

2009年7月，时任岭师党委书记梁英率团赴林芝地区做援藏专题教育调研，签订对口帮扶协议书，并在林芝广东实验学校建立教育实践基地；2009年10月，时任岭师副校长李江凌带领专家组赴林芝地区开展教师培训，并为岭师教育实践基地挂牌；2010年10月11~15日，时任岭师党委副书记、广东省高校教学名师刘海涛教授带领专家组赴西藏林芝地区，对150位教师进行为期五天的培训；2010年12月9日，岭师荣获全国“东西部学校结对帮扶工作先进单位”，全国共有7所高校获此荣誉，岭师是广东获此荣誉的唯一高校。

2013年8月15日，时任岭师校长罗海鸥率队到西藏林芝地区开展进一步合作的签约、捐资助教助学和义务培训师资等活动。8月16日上午，岭师与林芝地区教育局合作签约暨教师培训开班仪式在林芝广东实验学校举行，来自林芝9所地直学校和部分县级学校的100多名教师参加了培训。2009年至2013年，岭师连续五年派名师专家到林芝做教师专业发展的相关培训；林芝连续3年共派出48名教师赴岭师进行专业培训，岭师承担了培训期间的所有费用，还为每年来湛江做“影子教师”培训的教师提供住宿。

2014年，岭师选派10名音、体、美专业的优秀大学生赴林芝县乡小学支教一个学期，这是岭师首次选派优秀学生赴藏支教实习，开启了岭师人援藏支教的又一新模式。此外，另有3名美术专业的毕业生入选“2014年全国大学生志愿服务西部计划”，奔赴西藏林芝地区工作。2016年，岭师选派20名优秀大学生赴波密县和工布江达县支教一年，此次支教实习在人数、时间、专业上，都开创了岭师学子教育援藏的新里程碑。同年，25名波密县和工布江达县两县的教体局局长和各校校长，来到岭南师范学院开展为期10天的“教育教学管理能力提升”培训学习，这是岭师与西藏林芝地区开展的精准扶贫项目之一。11月2日至9日，时任岭师副校长邵乐喜率队进藏慰问支教实习学生，分别与波密县教育局、工布江达县教育局签订了教育合作协议，举行实习基地的揭牌仪式，并在两个实习基地各投入5万元建设经费，为实习生集体备课、集中评课、教学研讨等提供良好的工作场所。

2017年是岭师援藏30周年。1月，林芝市14名教研员到岭师免费（培训费和食宿费均由岭师支持）进行为期7天的“教研员能力提升”培训；7月，广东省教育厅将岭师自发的援藏行为，提升为省教育厅主导、全省13所高校参与的政府援藏项目，与西藏林芝、昌都两市有关单位签订了共建大学生思想政治教育实践基地的协议；4~12月，岭师选派了两批共23名学生赴藏实习支教；张日莲、黄天、钱小梅、招小艳、王跃明、贾俊兵、吴芬香7名“90后”毕业生志愿进藏工作，用实际行动响应祖国“走进西藏，走向基层，到祖国最需要的地方去”的号召；12月，岭师举行援藏30周年座谈会暨与工布江达县共建大学生社会实践基地签约仪式，总结岭师援藏30年的经验、模式与成效，传承“援藏良驹”卅载荣光，共同开启援藏工作新时代。

2018年1月，26位林芝市教师到岭师免费参加为期7天的“林芝市教师教育信息技术能力提升”培训；3月，岭师选派41名学生赴西藏林芝工布江达县开展为期1年的支教实习；岭师援藏故事被西藏电视台拍成《粤藏情缘》专题片；《中国教育报》头版以《岭南师院：打出教育援藏“组合拳”》为题进行了报道；“教育援藏”项目获得教育部高校思想政治工作精品项目立项；2019年1月，28名林芝市教师到岭师参加教育信息技术能力水平提升培训；8月，来自岭师12个二级学院的28名支教实习生接过传承32年的“援藏良驹”精神火种，踏上雪域高原的征程，在林芝工布江达县完成暑期“三下乡”社会实践活动和为期半年的支教实习。

一届届援藏榜样感召，一代代援藏精神传承，三十余载，岭师牢牢抓住立德树人的根本任务，立足教师教育特色，按照广东省坚定不移做好对口援藏的任务要求，对接西藏林芝地区基础教育的需求，通过毕业生扎根奉献、共建基地、大学生实习支教、培训帮扶等形式，发扬和传承“援藏良驹”精神，开启教育援藏新模式、打造实践育人新载体、创造民族团结教育新形式、探索人才培养新机制，在广东援藏模式中突显了岭师特色，形成系统化、立体式教育援藏工作格局，彰显岭师百年师范院校的责任担当。

二　岭南师范学院教育援藏方案

（一）落实立德树人根本任务，践行岭师教育援藏师德情怀教育

1. 以科研课题提升教育援藏德育内涵

“援藏良驹”是《人民日报》对岭师援藏学子的美称，是岭师援藏精神的代名词。近年来，岭师大力发掘“援藏良驹”所蕴含的精神财富，作为培养大学生家国情怀的重要抓手，让传承三十余载的“援藏良驹”精神跃上了新高度。2019年，学校援藏支教项目成为教育部高校思想政治工作精品项目和省教育厅资助的十大高校思政工作精品项目。《中国教育报》在头

版对该项目进行了报道；西藏卫视摄制了专题片《粤藏情缘》；《信息时报》做了整版报道，指出岭师师范生培养机制把师德养成教育工程真正落到实处，有效提升了师范生职业认同感和社会责任感，培养具有师德规范和教育情怀的人民教师。“三十二载援藏实践与师范生教育情怀培养”“广东高校教育援藏学生价值引领与德育实践长效机制研究”“‘家国情怀’教育理念融入高校德育工作研究——以某高校援藏为例”等项目获广东省学校德育科研课题立项。

2. 以主题实践活动践行师德教育与家国情怀

组织开展了“小我融入大我，青春献给祖国”2019年援藏大学生思想政治教育主题实践活动，教育引导大学生在亲身体验中了解西藏，在服务奉献中厚植师德教育与家国情怀，在实践锻炼中增长知识才干。内容包括：承援藏精神——“奉献边疆高原，扎根基层教育”援藏支教专题调研活动、育家国情怀——“感受沧桑巨变，坚定理想信念”新中国成立70周年伟大成就西藏研学活动、展青春风采——“逐梦新时代，青春勇担当”援藏支教实践活动、促民族团结——“民族团结一家亲，同心共筑中国梦”民族团结教育活动。此外，岭师在雪域高原上开展了“进村到户牵手”、“奉献边疆高原·扎根基层教育”最美教师寻访、“岭师学子卅载支教西藏情”调研、典型人物事迹报告、师资培训和教育信息化等活动，深化与凸显教育援藏对大学生的“立德树人”培育与家国情怀培养。

（二）顶层设计岭师教育援藏体系，构建教育援藏生态系统

1. 立体构建教育援藏体系：“三大基地”

为了夯实教育援藏的实践内涵，岭师顶层设计了教育援藏的“三大基地”：教育实习基地、大学生思想政治教育基地、社会实践基地，“三大基地”组成了岭师教育援藏的生态系统。2008年，岭师在西藏林芝广东实验学校建立了广东省在西藏的第一个教育实践基地；2013年，岭师与原林芝地区教育局签订了合作协议书，选派教育专家到原林芝县开展免费的教师专业技能培训、职业发展培训，同时也积极接收原林芝县多批次人员来校免费

培训；2016年，岭师与波密县、工布江达县两县教育局签订教育合作协议，举行共建教育实习基地揭牌仪式；2017年，岭师与工布江达县共建大学生社会实践基地揭牌，这是广东在西藏建立的第一个大学生社会实践基地。“三大基地”构建起短时支教与长时支教相衔接、全时段覆盖和全层级覆盖相结合的教育援藏新体系，学生可选择入藏支教实习半年至一年，也可以以暑假“三下乡”社会实践的方式进藏锻炼。①

2. 纵深拓展教育援藏内容："U-G-S-F"与"三全"模式

在百余年的师范教育历程中，岭师肩负兴学育人的办学使命，凝结了“崇德、博雅、弘志、信勇”的校训精神，坚持“师范性、教学型、地方性、应用型”的办学定位，培养了大批教育工作者和社会应用人才，同时积淀了丰富、全面、有特色的教师教育资源，为岭师教育援藏奠定了扎实的基础，把传统“U-S”校校（高校和中小学校）实践教学模式拓展为“U-G-S-F”（高校、地方政府、中小学校、家庭）的四方合作，涵盖大学生的实习、见习、研习和践习，教育援藏内容涉及学校教育、家庭教育和社会教育，构建全时段覆盖的教育援藏体系、提供全方位支撑的教育精准援助、实现全要素挖掘的援藏品牌塑造的“三全”模式。

3. 组建援藏支教共同体："非常5+1"

“非常5+1”援藏支教共同体是指岭师每派选一名援藏支教实习生，就会相对应给他配备一名实习指导教师、一名论文指导教师、一名思政指导教师，同时支教实习单位也为他配备一名实习指导教师、一名班级管理指导教师，将传统的“双导师制”拓展为“非常5+1”援藏支教共同体。“非常5+1”援藏支教共同体体现了岭师教育援藏的独特优势，深化支教学生教师职业认同感，促进师德养成，提升职业素养，提供未来就业选择，最主要的是促进支教学生了解支教地区的基础教育情况，激发支教学生投身支教地区教育事业的热情。

---

① 林春大：《立德树人视角下岭师三十年援藏路与师德厚植路径研究》，《广东教育》（综合版）2019年第10期，第29~31页。

（三）构建精准教育援藏培训模式：“授人以鱼”与“授人以渔”

从2009年开始，岭师注重在教师培训、远程教育资源共享、捐资助教助学和奖教奖学等方面不断深化教育援藏行动，推动教育援藏由单一的教育人才输入（补血型援藏）向全方位教育服务输入（造血型援藏）转型升级，为西藏林芝地区的教育事业发展注入了强劲活力。比如，岭师依托和整合教育培训方面的资源优势，深入拓展与林芝地区教师培训的合作与服务项目，努力提升岭师教育援藏的深度和广度。参加2016年1月举办的西藏林芝市教育管理者和中小学校长培训班学习的工布江达县教体局局长王静对岭师深厚的文化底蕴、先进的培训理念和培训模式印象深刻，他希望岭师与工布江达县在教师培训、地方课程和校本课程开发、教研等方面加强合作，并委托岭师对工布江达县的校长和教师开展全员轮训。2016年3月，工布江达县教育局与岭师培训学院正式签订为期两年的师资提升培训项目协议。学校分管领导非常重视该培训项目，亲自主持召开专题研讨会，与培训学院一起研究制定工作方案、调研方案，并要求培训学院组建调研组，前往西藏林芝进行培训需求调研，以提高培训的针对性和实效性，高质量地完成培训工作。在深入进行广泛的培训需求调研后，培训学院确定了分类、分层、分岗开展培训的工作思路，采取“请进去+走出来”和区域联片校际联动培训的模式，对工布江达县的校长和教师开展全员轮训。

三　岭南师范学院教育援藏成效

（一）突出政治担当，集结全校之力支持教育援藏

学校党委高度重视对口教育援藏工作，始终把教育援藏作为一项崇高的政治责任，倾心尽力，精心组织开展。坚持把教育援藏工作纳入重要日程，与全校各项发展工作任务同部署、同落实，并在工作中做到援藏资金优先安排，援藏项目优先保障，援藏人才优先选派。已派出6位校领导分7个批次

率领学校的专家教授到西藏林芝开展教育调研考察、培训师资、助教助学和指导服务等教育帮扶活动。大力整合学校优势教育资源，尽力满足西藏林芝地区基础教育发展的需求，以师资培训培养为切入点，大力帮助林芝地区提高师资队伍的综合素质，进一步提升基础教育的软实力。

（二）突出精准帮扶，建立教育援藏长效机制

自2002年起，岭师毕业生以自发接力的形式志愿入藏任教，掀起了岭师教育援藏的高潮，为岭师教育援藏工作打下坚实的基础。自2009年起，岭师积极探索教育援藏的新路子和新渠道，时任学校党委书记和院长于2009年和2013年先后与林芝教育局签订了教育援藏合作协议，建立林芝广东实验学校教育实践基地，在师资队伍培训、学生实习支教、远程教育资源共享、教育理论研讨、捐资助教助学和奖教奖学等方面加强合作，建立了教育援藏长效机制，推进岭师教育援藏工作不断深化，实现了教育援藏工作的转型升级，由单一人才输入的补血型转向全方位教育服务输入的造血型。

（三）突出资源优势，找准高校教育援藏对接点

岭师把高校自身的发展和人才培养同教育援藏紧密结合起来，充分发挥岭师教师教育专业人才培养和各类教育资源优势，找准教育援藏的对接点，精心创设教育援藏的合作与服务项目，以林芝地区基础教育师资培训和大学生支教实习为重点，全面开展教育服务，在努力解决为林芝地区基础教育师资不足的同时，增强师资队伍专业发展“造血功能”，更新教育教学理念，提升教育教学能力，促进林芝地区基础教育发展。

（四）突出实习支教，延续“援藏良驹”家国情怀

让2017年进藏工作的吴芬香感到幸福的是，她所在的林芝第二小学有4位岭师毕业生，除了与她同年进藏的张日莲，还有2003年进藏、现任林芝第二小学副校长的冯敏芝以及2002年进藏、现为学校教学骨干的钟戊华，

4 位岭师人在这个学校形成了很好的传帮带。“组织选择我来西藏，我须一心努力践行好援藏精神。”校友王韶华作为广东第八批援藏干部在易贡茶场担任副场长，2016 年，该茶场经历了一场特大的泥石流灾害，他冲锋陷阵，安全转移学生 90 多人，妥善安置受灾群众。同年在茶场中心小学支教实习的招小艳并没有被灾难吓退，毕业后应聘到墨脱县完全小学任教，她告诉记者：“那里太需要老师了，去西藏对我来说是一种使命。”西藏的条件虽然比较艰苦，但是面对西藏基础教育发展不平衡不充分的问题，岭师更好地落实广东省的援藏政策，鼓励更多的毕业生和校友进藏工作，立足藏区需求，选派更多优秀师范生进藏支教实习，让学生在最艰苦的条件中，强化以家国情怀为核心的师德养成，传承“援藏良驹”精神，为中国特色社会主义新时代培养合格建设者和可靠接班人。

四　岭南师范学院教育援藏新思考

经过多年的发展与完善，岭师教育援藏事业取得了辉煌的成绩，收获了许多成功的经验。同时，岭师人也清醒地认识到，进入新时代，在教育援藏事业取得成功的背后，也有着潜在的挑战，这些挑战也影响着教育援藏事业的可持续发展，教育援藏工作必须有新思考。

（一）打造岭师教育援藏的制高点：“文化回应教学”

西藏自治区的现代化教育“起步晚”“底子薄”，客观现实使得教育援藏先天“营养不良”；而其社会经济发展相对滞后，在办学条件、课程设置、师资水平和资源分配上远远落后于内地，尤其是沿海地区；再加上藏族地区与汉族地区完全不同的文化语境和“教育文化”，给教育援藏造成了很大的困难。这主要表现在：支教地区的课程设置缺乏符合当地学生实际需要的校本课程；教学中某些内容和学生的“文化环境”和“生活经验”严重脱节；支教教师不能充分利用学生的“文化资本”进行跨文化教学等。教育援藏则随之出现“文化中断”、“文化漠视”和“文化不匹配”

的现象。[①] 如果不能解决好不同文化之间的过渡和多元文化融合问题，避免文化脱节或割裂，就很可能会影响教育援藏事业的发展。因此，需要通过多元文化教育和“文化回应教学”，打造岭师教育援藏的制高点。

（二）培育岭师教育援藏的增长点：“互联网+教育援藏”

在中央“治国必治边、治边先稳藏”的治藏方略指引下，岭师教育援藏取得积极成效，给支教地区教育质量带来了较大提升。然而，一方面，因派出的支教学生异地实习适应能力的局限性，教育援藏工作能发挥的成效与所期望的效果有一定差距；另一方面，民族地区教育发展严重落后，历年来已形成的教育生态十分顽固，虽然有教育援藏人才的帮扶与引领，但在“互联网+”时代，信息科技与现代教育技术又驱动着教育快速发展，西藏教育与内地教育仍有较大差距。[②] “加快发展，是解决西藏所有问题的关键。”要推进西藏教育跨越式发展，岭师需要创新教育援藏模式，让本地区先进教育理念和优质教育资源全方面、伴随式融入藏区教育中，以有效推动当地教育更好更快发展。为此，岭师依托本校的“未来教育空间”和智慧教育产业学院，提出“互联网+教育援藏”模式，尝试通过先进信息技术手段及其蕴含的现代教育理念，培育岭师教育援藏的增长点。

（三）完善岭师教育援藏的监评机制：援藏监督和效益评估

教育援藏涉及教育扶贫的识别、帮扶、管理、评估、反馈等方面，是一个长期、复杂且必须要完成的系统工程。从短期、分散到长期、集中的援藏模式的转变，能够集中内地优质教育的力量促进西藏教育的本土生长，使“组团式”教育人才援藏工作取得阶段性的显著成效，为西藏培养、储备一批带不走的、扎根本地的优秀教师和管理者，不断激发其教育发展的内生动

---

① 王革：《“文化回应教学”模式与民族地区外语教学改革》，《民族教育研究》2018年第4期，第65~70页。

② 罗明勇：《对“互联网+教育援藏”新模式的构想》，《中国民族教育》2017年第Z1期，第47~48页。

力和活力。[①] 但教育援藏的过程管理与教育扶贫的效益评估往往被人忽视，必须构建完备有效的教育援藏监督机制和实施问责评估制度。为此，要把教育援藏工作作为项目制定—执行—检测—改进的良性闭环，实现教育援藏的可持续发展。

五　结语

西藏教育是否能持续健康稳定发展，取决于正确的理论指导思想和行之有效的政策措施，而这些政策措施能否行之有效，则取决于我们对西藏教育改革发展的特殊规律以及现实条件的认识是否客观、准确。[②] 进入新时代，在治边稳藏重要战略思想的指引下，岭师教育援藏工作不断解放思想，发挥师范院校优势，立足教师教育特色，创新教育扶贫模式，精准破解西藏基础教育发展不平衡不充分的难点，助力林芝在西藏率先基本实现“五个100%”教育目标，工布江达县多项教育指标从两年前在全市排名倒数攀升到目前的排名前列。面对全面建成小康社会的目标即将实现，在学校党委坚强领导下，在一代又一代岭师教育援藏人的努力下，在西藏各族人民群众的发奋努力下，西藏教育发展的步伐会越来越快、越走越好，让岭师教育援藏的“粤藏情缘”闪耀新的亮点，续写“援藏良驹”荣光。

① 王学男：《教师多维融合：深化“组团式”教育人才援藏的核心》，《中国民族教育》2020年第1期，第21~24页。

② 程玉玺、刘凯：《历史、经验与挑战：教育援藏事业发展历程审思》，《民族高等教育研究》2018年第2期，第9~16页。

习近平精准脱贫理论实施路径的思考与探索

——以陕西理工大学为例

刘　颙*

【摘　　要】让贫困人口和贫困地区同全国一道进入全面小康社会，是中国共产党的庄严承诺。习近平同志有关精准脱贫的系统论述，规划了实施的路线图和时间表，对于指导全党和全国各族人民积极投身脱贫攻坚伟大事业，努力实施助力脱贫、精准帮扶，具有重要的理论指导意义。陕西理工大学深入学习习近平精准脱贫理论，思考与探索助力脱贫实施路径，在坚持党的领导、强化组织保证，坚持社会动员、凝聚各方力量，坚持精准方略、提高脱贫实效，坚持群众主体、激发内生动力等方面做出有益尝试，助力脱贫工作取得成效。

【关 键 词】教育扶贫　精准脱贫　陕西理工大学

习近平同志代表中国共产党在十九大报告中掷地有声地宣告：“让贫困人口和贫困地区同全国一道进入全面小康社会是我们党的庄严承诺。”为了彻底解决贫困人口和贫困地区的问题，习近平同志明确指出：“要动员全党全国全社会力量，坚持精准扶贫、精准脱贫，坚持中央统筹省负总责市县抓

---

* 刘颙，工商管理硕士，现任陕西理工大学副校长，校助力贫困县脱贫攻坚工作领导小组副组长。

落实的工作机制，强化党政一把手负总责的责任制，坚持大扶贫格局，注重扶贫同扶志、扶智相结合，深入实施东西部扶贫协作，重点攻克深度贫困地区脱贫任务，确保到2020年我国现行标准下农村贫困人口实现脱贫，贫困县全部摘帽，解决区域性整体贫困，做到脱真贫、真脱贫。”习近平同志有关精准脱贫的系统论述，不仅目标明确，而且任务具体，更重要的是规划了实施的路线图和时间表，对于指导全国各级政府和企事业单位积极投身脱贫攻坚伟大事业，努力实施助力脱贫、精准帮扶，具有重要的理论指导意义。尤其是习近平同志重要论述中关于精准脱贫实践路径的阐释，具有鲜明的现实针对性，为开展脱贫攻坚行动提供了根本遵循，值得用心领会，并努力践行。

陕西理工大学在陕西省高教工委的“双百工程”中承担结对帮扶南郑区的任务，后又勇于承担联帮联扶镇巴县的重任，此外还服从陕西省扶贫办的安排，包村扶贫南郑区两河镇三门村，并主动承担陕西省教育厅教育脱贫办倡导的特色产业精准培训任务。为完成助力脱贫任务，学校党委高度重视助力脱贫工作，深入学习习近平精准脱贫理论，充分调动全校资源，全力以赴投身助力脱贫攻坚事业，取得明显成效。现结合习近平精准脱贫理论，阐明对精准扶贫、助力脱贫实施路径的思考与探索。

一　坚持党的领导，强化组织保证

中国革命和建设事业的历史经验告诉我们，党的坚强领导，是取得胜利的根本保证。习近平同志指出：“抓好党建促脱贫攻坚，是贫困地区脱贫致富的重要经验。”开展精准脱贫活动，更要发挥党组织的战斗堡垒作用，发挥党员的模范先锋作用——要强化农村基层党组织，提升基层党组织的战斗力，成为带领群众脱贫致富的骨干力量；要改善党员领导干部的工作作风和工作方法，充分相信并依靠群众，发挥人民群众的智慧和力量；要在艰苦的工作岗位上考察和识别干部，选派政治素质强、业务能力突出，具有牺牲和奉献精神的党员领导干部充实到农村基层组织；要凝聚全党的智慧和力量，引导和带领贫困群众实现脱贫致富。

陕西理工大学领导高度重视助力脱贫工作，成立以党委书记和校长挂帅的助力贫困县脱贫攻坚工作领导小组，抽调精兵强将，组成常设办公室，任命了办公室主任，配备了专职人员，负责统筹安排全校扶贫工作，形成职责明晰、指挥有力的管理机制。2017年以来，根据扶贫工作需要，组织部先后面向全校选拔选派11名政治素质好、业务能力强的优秀干部驻村开展扶贫工作。这些干部，有的是管理骨干，有的是专家教授，有的是年轻博士，有的是普通教师，他们与当地村民同吃同住，用他们的智慧和辛勤、担当与奉献，为脱贫攻坚做出了贡献，得到当地政府和群众的充分肯定和赞扬，多次获得表彰。

组织动员，让党旗在扶贫一线高高飘扬。扶贫伊始，学校党委就确立了各基层党组织包抓扶贫的工作思路，一个支部帮扶一个贫困户，支部书记就是帮扶责任人，落实学校13个相关部门和前后三批100多名校、处级干部“一对一”的帮扶贫困户的责任。各基层党组织纷纷请战，党员领导干部以上率下，形成了众志成城、勇当先锋、接续助力脱贫的热烈氛围。在扶贫村上，驻村工作队克服交通、饮水等困难，在第一书记的带领下，任劳任怨，无私奉献，做群众致富的领路人；在贫困户家中，党员干部与群众拉家常，为群众出点子，帮群众盖猪舍鸡笼；在校内主题党日活动中，“我为扶贫做贡献”“我是党员我先上”成为活动的鲜明主题。各基层党组织充分发挥战斗堡垒作用和号召力，广大共产党员充分展现了先锋模范作用，让鲜艳的党旗在扶贫一线高高飘扬。

加强培训，提升三门村发展的内生动力。学校组织部会同南郑区委组织部，坚持“志智双扶”，以“四支队伍”为重点，狠抓扶贫干部素能提升。坚持每年举办1~2期南郑区贫困村扶贫干部素能提升培训班，邀请校内外专家，讲解国家脱贫攻坚政策法规、农业产业技术培训，并组织现场观摩调研。三年来共培训干部600余人次。培训提升了基层干部的思想境界，开拓了他们的工作思路和眼界视野，掌握了工作方法，增强了带领群众脱贫致富的信心，同时也增进了贫困村干部之间的交流沟通和经验借鉴，取得了明显成效。

二　坚持社会动员，凝聚各方力量

完成脱贫攻坚任务，越到后来难度越大。贫困地区集中连片，贫困人口零星散发，既要完成贫困地区的摘帽，更要完成贫困人口的脱贫，这就要求举全党全国之力，发挥社会主义制度可以集中力量办大事的优势，为打赢脱贫攻坚战做最后的冲刺。习近平同志指出："调动各方力量，加快形成全社会参与的大扶贫格局。"脱贫致富不仅仅是贫困户的事情，是贫困地区的事，是基层组织的事情，更是全社会的事情。在奔小康的道路上，一户也不能掉队，一个人都不能少。在扶贫的问题上，不能被脱贫，不能算平均。要实现精准识别，精准帮扶，就必须调动全社会力量，实现中央与地方、东部与西部、企事业单位与基层组织、党员领导干部与农户的对接，要推动经济发达地区和高层次组织的人才、资金、技术向贫困落后地区流动，实现互利互惠和共享共有。中华民族自古就有扶危济困、守望相助的优良传统，要充分发扬传统美德，激发人性本善的仁爱之心，促使各级社会组织、各类企业公司以及个人积极参与脱贫攻坚事业，实现优势资源向贫困村和贫困户的有序流动，促进精准扶贫的有效开展。

陕西理工大学发挥自身优势，投身助力脱贫攻坚工作，采取校内和校外、教师和学生多层面的帮扶行动。校内脱贫攻坚任务主要依靠奖、贷、助、减、免等政策，切实解决在校家庭经济困难学生的生活困难，确保其顺利完成学业。校外脱贫攻坚工作任务涉及三个方面：一是"两联一包"南郑区两河镇三门村 49 户贫困户；二是结对帮扶南郑区（2018 年 7 月新增联帮联扶镇巴县）；三是不限地域的特色产业精准培训。针对以上任务，学校一方面注重发挥助力脱贫办上传下达、顶层设计、协调服务的作用，坚持任务引领、目标导向，扮演好牵头、服务、督办的角色；另一方面，协调各相关部门，在充分对接的基础上，与南郑区政府及其相关部门、企业签署了 6 项帮扶协议，全面、系统地确立了陕西理工大学和南郑区（包括镇巴县）各级政府在特色产业培训、人才培训、学校用工、农产品检验检测、产业发展和优质农产品销售等方面各自的责任和任务。

帮扶工作要沉得下心，摸清实情，找准症结，谋在思路上，帮在关键处。为了扎实开展各项帮扶工作，驻村工作队对帮扶村基本情况、实际困难、遇到的问题进行了详细的调研摸底，并与村民代表、县乡村工作人员共同进行了深入探讨，共同探讨帮扶村脱贫规划，多次召开村民代表座谈会，并与村民代表共同探讨脱贫措施。帮扶工作开展以来，各帮扶责任人尽心竭力，每月至少入户走访2次，深入各自帮扶的贫困户家中交流谈心，了解他们的生活状况和经济收入，倾听他们的心声，与他们打成一片。

在立足村情的基础上，各帮扶责任人按照规划到村、帮扶到户、责任到人的工作思路，深挖致贫根源，依托村上优势资源，从基础设施、产业发展入手，制订切实可行的帮扶计划，争资金争项目，抓好扶贫项目落实，着力推动三门村经济建设和各项事业发展。

扶贫必扶智，教育帮扶定先行。让贫困地区的孩子们接受良好教育，是扶贫开发的重要任务，也是阻断贫困代际传递的重要途径。号角已经吹响，怀揣教育脱贫的共同梦想与坚定信念，陕西理工大学的教育扶贫一直在路上。

志愿帮扶暖人心，携手走上致富路。志愿帮扶队由陕西理工大学师生组成，他们始终把群众的冷暖挂在心上，不仅服务群众，更把宣传党的扶贫政策作为一种责任，外化于行，内化于心，鼓励群众勤劳致富，帮助群众解决困难。各学院发动师生举行衣物捐赠活动，为村民进行义务体检；为新兴养殖种植合作社和村民捐赠鸡苗、菜苗等，鼓励村民独立自强，调动村民积极性，让村民走上致富之路。2018年11月，陕西理工大学文学院三下乡教育扶贫志愿队获得了团中央“最具影响好项目”的荣誉称号。

三　坚持精准方略，提高脱贫实效

贫困地区和贫困人口的经济和生活困难问题，很大程度上是因为自然条件恶劣，缺乏产业带动，缺乏劳动人口，缺乏自主脱贫的项目和能力。习近平同志强调指出：“要把发展生产扶贫作为主攻方向，努力做到户户有增收项目、人人有脱贫门路；要把易地搬迁扶贫作为重要补充，确保搬得出、稳得住、能致富；要把生态补偿扶贫作为双赢之策，让有劳动能力的贫困人口实现生态就业，既加强生态环境建设，又增加贫困人口就业收入；要把发展教育扶贫作为治本之计，确保贫困人口子女都能接受良好的基础教育，具备就业创业能力，切断贫困代际传递；要把社会保障兜底扶贫作为基本防线，加大重点人群救助力度，用社会保障兜住失去劳动能力人口的基本生活。”解决贫困人口的脱贫问题，要深入调研致贫原因，并拿出有针对性的解决办法，提出精准的帮扶措施，这样才能将脱贫工作落到实处，抓出实效。

产业扶贫是重点，科技帮扶奠基础。学校专家带课题、项目驻点工作，开展科学研究、试验示范、技术培训，现场解决农户产业发展中存在的问题。积极建设产业扶贫示范种植基地，化学与环境科学学院师生为三门村进行土壤检测、水质检测、测土配方施肥。开展钉钉信息技术平台及电商培训，为三门村的村民普及电商知识，使参加培训的贫困户家庭成员至少掌握一项实用技能，引导和帮助贫困户选择适合自身发展的产业，提升产业发展能力、增强产业发展动力、增加脱贫致富信心、实现自主脱贫。

人才帮扶进乡村，疑难杂症全解除。学校组织教师赴南郑开展脱贫攻坚“素能提升”专题培训班，为村民及村上干部讲解农村常用法律法规，讲解“一园三季多茶”生产体系的构建与茶叶资源综合开发策略。学校企业战略与运营管理研究所所长李凤荣讲解农村专业合作社组织管理与运营，庞乔教授进行第十三次党代会精神学习辅导。这一系列的培训、讲座增强了村干部和老百姓的专业理论知识，为更好地从事产业开发提供智力资源。

民生帮扶显爱心，脱贫温饱不再难。发展社会事业和改善民生，是深入贯彻落实科学发展观的重要任务，是全面建成小康社会的迫切要求。学校在包扶村南郑三门村创建爱心超市，定期组织捐赠活动。帮助村民整修两条乡村道路，改善了生活条件，三门村再也不是之前的那个穷地方，变成一个村民能独立自主积极开展生产劳动的热土。

文化帮扶夯基础，精神幸福脱贫村。目前很多高校和社会组织在积极开展扶贫工作，很多贫困地区已经得到了生活物资帮助，但是贫困地区所需要的不仅仅是生活物资，同样需要精神文化生活。因此，学校利用自身优势和文化资源，积极组织艺术学院、体育学院专业的师生表演团队，到偏远地区，到孤寡老人家里，到留守儿童家里，送温暖，送文化。开展主题为“校地同携手，脱贫奔小康”的庆七一慰问演出、“传统美德与知恩感恩”教育培训；为三门村村民进行农民工法制宣传；为三门村建设文化墙；等等。这些活动都极大地丰富贫困地区群众的精神文化生活。

信息帮扶进村部，贫困脱帽展翅飞。校领导陪同中国科学院刘彦等人赴洋县调研。在听取驻村工作队关于办公条件现状的汇报后，校领导高度重视，助力脱贫办、网信中心等部门大力支持配合，增配了办公电脑、打印机，并立即派人实地进行网络建设工程勘查、设计和实施，让三门村村委会办公室彻底告别了没有网络的时代，对三门村的办公条件改善和工作效能提升起到了关键作用，为三门村集体脱贫攻坚及长远建设发展奠定了坚实基础。

智力扶贫长久计，定会斩断贫穷根。陕西理工大学的扶贫工作人员始终以高度的责任感和饱满的工作激情，坚持身入心入、真帮实扶，将自己当村民，视村民为亲人，结合自身专业特长，深挖学校资源优势，积极探索智力帮扶、长效脱贫的新途径，不断强化贫困村自我“造血”机能，以实际行动赢得了三门村村民的肯定。陕西理工大学为两河镇三门村进行特色产业精准培训、种植养殖技术培训以及各种干部培训，帮助三门村提升种植养殖技能和管理水平。

四 坚持群众主体，激发内生动力

贫困人口存在受教育水平低，劳动能力差，他们具有脱贫致富的愿望，但是改善生活条件的动力不足，部分存在“等靠要”的错误思想，因此改变贫困人口的思想观念，发挥人民的主动性和创造性，就是迫在眉睫的问题。习近平同志指出：“摆脱贫困首要并不是摆脱物质的贫困，而是摆脱意识和思路的贫困。扶贫必扶智，治贫先治愚。贫穷并不可怕，怕的是智力不足、头脑空空，怕的是知识匮乏、精神委顿。”坚持依靠人民群众，充分调动贫困群众积极性、主动性、创造性，坚持扶贫和扶志、扶智相结合，正确处理外部帮扶和贫困群众自身努力关系。组织、引导、支持贫困群众用自己辛勤劳动实现脱贫致富，用人民群众的内生动力支撑脱贫攻坚。

陕西理工大学注重发挥科技人才优势，为帮扶地区输送人才资源、开展人才培训，志智双扶，增强贫困户脱贫致富的内生动力。

山区教育扶贫落脚在学生。孩子们要有励志脱贫的追求，只有让山区学生从小树立脱贫梦想，他们将来才能走出大山、回报大山。学校举办陕西理工大学—两河镇中心小学捐赠仪式，帮助中心小学提升教学质量；学校老师同学与两河镇中心小学的学生们一起做游戏，帮助孩子们放飞心灵；为了帮助学生能更好地增长知识，扶贫工作办公室多次在陕西理工大学里开展图书捐赠活动，并开展科教宣传活动；为了帮助学生提高身体素质，学校开展体育用品捐赠活动。

每年开展产业技术人员培训。组织生物工程博士和检测技术专家为南郑区农业局、农产品质量安全检测中心及相关镇村开展农业检测新技术业务培训；为南郑区开展“汉中特色水产养殖”培训，解决农民在水产养殖过程中的困难和问题，增强其养殖信心；开展“气相色谱及农残检测新技术发展”“农检中心实验室安全及液相色谱技术应用”等专题培训。

开展电子商务培训。为帮助贫困群众掌握通过电子商务销售农产品的技能，学校数学与计算机专业教师为60名农业产业实体项目经营者开展电商平台的选择、营销推广、支付管理、售后服务、微商经营等方面的电子商务知识培训；还邀请联通公司技术人员，对如何通过相关软件进行电子商务开展培训，使其拓宽致富渠道。

创办农民工学校。为帮助贫困地区人员掌握一技之长，学校在略阳县天津职教中心创建了“陕西理工大学农民培训基地”，为参训农民工进行计算机网络综合布线、电工技能、酒店前厅服务、汽车发动机机械维修和电控维修五大类课程培训，使其在短时间内掌握简单实用的技术，实现劳动力的市场转化。

发挥各学科门类人才齐全的优势，开展一系列教育培训活动。针对农村儿童溺水、运动损伤等事故多发情况，运动生理学教师为当地小学生开展培训，教会其基本急救知识；心理学、教育学教师为孩子们做“持之以恒，放飞梦想”等心理培训，定期开展心理咨询，让孩子们参与心理游戏；师范专业教师深入学校在两个县区建立的教师教育培训基地，为中小学语文、数学、英语、美术教师开展教学技能培训；各基层党委（党总支）还组建具有不同专业特色的青年教师行、博士服务团等，带着各类科普法律知识、趣味教学活动等，深入当地中小学展示互动、举办励志讲座，带领学生打开科学的大门，鼓励其努力学习，改变命运，鼓励困难群众拓展能力、勤劳致富。

学校在南郑区举办“南郑区脱贫攻坚素能提升培训班”，500余名南郑区村党支部书记等基层干部参加了5期扶贫干部理论培训班，使其对党的扶贫攻坚政策有了更加系统深入的了解，增强了其投身脱贫攻坚工作的主动性。

习近平同志在党的十九大报告开篇就着重指出：“中国共产党人的初心和使命，就是为中国人民谋幸福，为中华民族谋复兴。”在中国共产党成立一百年时全面建成小康社会，就是为中国人民谋幸福；在新中国成立一百年时建成富强民主文明和谐的社会主义现代化国家，就是为中华民族谋复兴。中华民族的伟大复兴，必然以全面建成小康社会为前提；全面建成小康社会，必然以实现全体人民共同富裕为前提——坚决打赢脱贫攻坚战，让贫困人口和贫困地区同全国一道进入全面小康社会，是实现人民幸福的必然要求，陕西理工大学在助力脱贫攻坚工作中之所以取得了优异成绩，离不开上级领导的大力支持和正确指导，离不开学校党政领导的高度重视和真情支持，离不开校地长期合作所积累的资源优势和信任理解，更离不开所有参与人员的倾情参与和倾力付出。2020年是贫困县摘帽的关键一年，是脱贫攻坚决战决胜之年。“行百里者半九十”，成绩已经属于过去，脱贫攻坚的“最后一公里”道路更险，任务更重，责任更大。古人云：“天下事，以难而废者十之一，以惰而废者十之九。”只要我们积极进取，开拓创新，勇于担当，敢作敢为，善作善为，助力脱贫攻坚的最后胜利一定会属于我们！

新时代地方高校教育扶贫大有可为

——基于湖南文理学院的探索与实践

龙献忠*

【摘　　要】 以习近平新时代中国特色社会主义思想为指引，在突如其来的全球新冠肺炎疫情影响下，为打赢脱贫攻坚战，湖南文理学院立足地方，服务武陵山片区与洞庭湖生态经济区等贫困地区，充分发挥学校人才、技术与知识资源优势，从思想扶贫、智力扶贫、科技扶贫、智库扶贫等方面着力和下功夫，发挥教育扶贫功能，取得了较好的扶贫效果。

【关 键 词】 脱贫攻坚战　思想扶贫　智力扶贫　科技扶贫

2020年是全面建成小康社会和“十三五”规划的收官之年，是实现第一个百年奋斗目标的决胜之年，更是打赢脱贫攻坚战的达标之年。尤其是脱贫攻坚工作时间紧，任务重，再加上突如其来的全球新冠肺炎疫情的影响，不确定因素明显增加。在这样一个关键节点和关键时刻，我们更应该以习近平新时代中国特色社会主义思想为指引，加大扶贫力度，总结扶贫经验，提高扶贫成效。湖南文理学院多年来立足地方，服务武陵山片区与洞庭湖生态

---

* 龙献忠，湖南文理学院党委副书记、校长。

经济区等贫困地区，充分发挥学校人才、技术与知识资源优势，从思想扶贫、智力扶贫、科技扶贫、智库扶贫等方面着力和下功夫，发挥教育扶贫功能，取得了较好的扶贫效果。

一　思想扶贫：点燃贫困地区灵魂之光

为了转变贫困地区人们的思想观念，湖南文理学院师生理论宣讲团，26年如一日，深入山区与湖区无数个“十八洞村”，把课堂摆在田间地头，针对部分农民“认命、懒惰、依赖、等待”等错误思想观念，宣讲党的政策，寻找贫困根源，强化政策舆论，使贫困群众转变心性，形成正确的人生态度与坚定的脱贫意愿。

讲党的政策。特别是党的十八大以来，习近平总书记的重要讲话、党中央会议精神等论述出版发行后，师生宣讲团就及时组织学习、消化和吸收，再深入乡村，为基层党员干部和群众进行理论辅导。仅2019年，学校宣讲团就深入乡村宣讲达100余场。

寻乡土人文。用村民听得懂、听得进的话语，将地方历史人物、名山名水、名文名事等乡土记忆，与党的初心和使命结合起来宣讲，帮助村民坚定文化自信。如，师生到桃源吾溪河给农民讲红二方面军“吾溪河战斗”的故事，传承红军守望初心、坚韧不拔、艰苦卓绝、服务大众的革命精神。

解现实疑惑。了解、解答村民密切关心的实际问题。2018年1月，针对石门县秀坪园艺场村民对土地流转以后自身权益保障问题的担忧，湖南文理学院马克思主义学院院长黄向阳教授经过实地调研，决定把宣讲场地设在橘园，既宣讲党的相关政策，又直面村民提出的问题，成功化解了村民的思想困惑，有力地推进了脱贫工作。

献致富良策。在开展理论宣讲的同时，师生积极参与鼎城区政府“十三五”“十四五”规划，石门县雁池乡乡镇规划，桃源县九溪乡乡村文化建设规划，鼎城区草坪乡文化旅游业发展规划，鼎城区中河口镇思政工作规划等，在规划制定过程中，师生和地方党委政府一起开展调研，一起剖析问题，一起撰写分析报告，有效提升贫困村基层干部的舆情分析能力、材料撰写能力、理论宣讲能力，改变过去单纯的高校师生讲、全体党员听的做法。

二　智力扶贫：为贫困地区培育知识种子

学校承载60年“全国优秀师范教育”之光荣，延续“湘西北教师培养摇篮”之传统，以习近平“四有”教师要求为指针，以《国家乡村振兴战略规划（2018—2022年）》《乡村教师支持计划（2015—2020年）》为蓝图，以国家大学生文化素质教育基地、湖南省高等学校一级学科应用特色学科——教育学、湖南省高等教育教师发展研究基地、湖南省一流专业等平台为依托，从培养乡村教师入手，为贫困地区输送知识的种子。

培养公费定向师范生。培育“三基四爱五协同”乡村教师培养模式，重建师范目标（爱思想、爱乡村、爱儿童、爱教育），改良师范课程（通识、专业、技能、实习），革命师范课堂（研究性课堂、融合课堂、智慧课堂、合作课堂），创新师范实习（下面讲），营造师范文化（爱智、悟教、寻根、审美沙龙），提供师范条件（平台、人才、数字），等等，形成乡村教师培养特色。每年招收公费师范生800余人，为洞庭湖生态经济区、武陵山片区输送了大批乡村教师。

创新顶岗实习机制。湖南文理学院与地方政府签署了《校县合作人才培养协议书》，市教育局统计全市各县中小学校教师缺口情况，湖南文理学院根据教师岗位缺口需求，组织实习生与实习学校双向选择，确定好顶岗实习学校。同时，实习生根据需要与顶岗实习学校、母校签订一学期或一学年的《顶岗实习协议书》，内容包括实习岗前培训计划、实习期间实习生的管理、工资待遇（县级财政拨专款）以及安全保障（包括实习补助、人生意外保险）等，这就形成了由高校、地方教育局、实习基地学校、顶岗实习学生四方参与共赢的顶岗实习保障机制。近年来，每年都有近1/3的实习师范生留任实习学校。

引导毕业生扎根乡村。一是将“教育扶贫”的相关内容纳入大学生职业规划与就业指导公共课授课内容中，引导学生树立正确的择业观，提倡和鼓励学生到国家和社会需要的地区和领域去发光发热；二是积极主动对接用人需求，将招聘岗位向毕业生做重点推介。毕业生中还涌现了一批在基层岗位上做出突出贡献的典型代表。如湖南文理学院毕业生朱金凤先后荣获“全国优秀教师”“全国优秀班主任”“全国五一劳动奖章”等荣誉称号和表彰，2014年第30个教师节时受到习近平总书记的亲切接见。又如毕业生侯长亮，在广西大石山区支教多年，辛勤耕耘，点亮无数孩子的梦想，被评为“广西公民楷模十大新闻人物”。

开展贫困地区师培计划。湖南文理学院把教师培训工作辐射到了武陵山片区的贫困县，其中每年投入经费30余万元，为常德市的国家级贫困县石门县、张家界市武陵源区以及湖北省宜昌市兴山县的中小学教师实施专业培训5次，受益教师400多人；培养、建立的常德市师培专家库，培养了来自常德市石门县、桃源县等贫困县的专家10余人；先后承办全省农村中小学校长培训班10多次，参培人数近500人。

由湖南文理学院校长龙献忠主持完成的教育扶贫成果“乡村振兴背景下乡村教师‘三基四爱五协同’培养模式探索与实践”获湖南省教学成果一等奖（2019）。5次全国学术会议上介绍湖南文理学院乡村教师培养经验，受到教育部、国务院扶贫办和兄弟高校领导的高度评价。

三 科技扶贫：开发乡村特色产业集群

学校以“洞庭湖生态经济区建设与发展”“水产高效健康生产”两个湖南省普通高校“2011协同创新中心”项目为龙头，以渔业博士后科研工作站、省水产院士工作站、环洞庭湖区域发展研究基地、现代农业经营方式研究基地、区域特色旅游设计与开发研究所等省级平台为支撑，以大调查和大数据为依托，探索科技人才扶贫、特色农业扶贫、生态扶贫、乡村旅游扶贫等致富途径。

开展“教授博士沅澧行”活动。为了更好地服务沅澧大地经济社会发展，在多年选派“三区”科技人才的基础上，2019 年，学校启动湖南文理学院“教授博士沅澧行”和“科创助理”派驻活动，选派 300 余名教授博士组成 29 个科技团队，深入贫困地区，为地方经济发展提供乡村振兴智力支持，同时遴选 32 名优秀博士派驻常德各区县职能部门，担任科创助理，开展科技咨询与成果推广转化，服务地方政府决策。

开发特色农业品种。围绕当地较有名的八月炸、黄秋葵、朝鲜蓟、黑山羊、野猪及鱼、虾、蟹等特种经济动植物的品种引进、高产高效种养、产品加工等多个领域，开展综合服务，学校选派科技人员先后为农民开展科学技术讲座 150 余次，接受科技服务的乡镇干部和农民达 2 万余人次，采用“高校+公司+专业合作社+基地+市场+农户”的农业产业化发展模式，在环洞庭湖区开展规范化高效种养技术示范推广，带动农民增收致富。湖南文理学院省优秀科技特派员王云教授扶贫事迹“独门野果‘八月炸’致富记”作为全国 100 个典型案例，2018 年入选科技部组织编写的《把论文写在大地上：科技扶贫 100 个典型案例》。

挖掘地方人文旅游资源。有效对接区域文化名城建设和旅游产业发展需要，打造地方文化创意产业。2016 年以来先后定点帮扶了自然条件艰苦、经济结构单一、基础设施薄弱的石门县麻纳峪村、石门县双台村、张家界市龙阳村。为石门县夹山寺、澧县城头山、桃源县桃花源等提出旅游开发理念，培训旅游从业人员，制订地方旅游发展规划。

支持地方生态文明建设。积极践行“绿水青山就是金山银山”的环保理念，积极组织师生开展内容新颖、有针对性的社会公益志愿活动，如乡村环境整治，送文化服务下乡等，为建设美丽乡村贡献了湖南文理学院的力量。

此外，学校还帮助石门县麻纳峪村、双台村、张家界市龙阳村等三个贫困村庄引进和整合资金近 6000 万元，带动 400 余家农户 1000 余人加入产业合作社，培训特色农业等 1000 余人次，科研人员“面对面”教授产业技术，取得良好社会和经济效益。

四 智库扶贫：助推农村基层治理现代化

为落实习近平总书记在党的十九大报告中提出的“大力加强中国特色新型智库建设”的指示精神，湖南文理学院以教育部人文社科重点研究基地——湖南农村调查基地、湖南农村基层治理与发展研究中心等科研平台为依托，立足武陵山片区和洞庭湖生态经济区等地贫困农村地区，以“地方视角”聚焦国家实际、为教育扶贫提供地方智库方案。

常态化田野大调查。以服务农村基层治理转型与发展为重点，建成了以田野调查为特色的智库平台。常态化组织师生深入贫困地区，开展“百村观察”、村庄调查、家户调查、口述史调查等活动。自2016年以来，已累计调查走访50余县600余村庄3万余农户，发放并回收调查问卷3万余份，形成《湖南农村基层治理与发展报告》蓝皮书，并出版发行。

系统化反贫困资政服务。以大调查和大数据为基础，同步建成湖南农村调查数据库、洞庭湖区调查数据库等拥有海量贫困农村调查资料的数据存储平台。形成贫困农村地区资政与调查报告20余份，其中8篇获得国务院、教育部、湖南省委等主要领导的批示和肯定。龙献忠撰写的2项成果被采用：《湖南文理学院：培养适应市场需求的应用型人才》入选国家教育体制改革领导小组主编的《教育体制改革简报》，上升为国家经验；《靶向治疗：助农村教育扶贫行之有效》得到教育部副部长孙尧的批示。此外，资政报告《教育扶贫进展如何？成效怎样？》《2020，如何交出脱贫攻坚满意答卷》等入编国务院、地方政府智库成果要报，供政府部门决策参考，为国家多层次扶贫战略提供决策支撑。

“党建+思政+德育”育时代新人

——汉阴县实施“143”模式推进中小学思政课建设工作探析

冯友松*

【摘　要】汉阴县围绕教育部等五部门《关于加强新时代中小学思想政治理论课教师队伍建设的意见》精神，积极探索实施“党建+思政+德育”融合育新人的总体目标，以“一推动、四融合、三结合”的“143”模式推动中小学思政课建设落地生根。

【关键词】深化改革　义务教育　师资能力

教育是国之大计、党之大计。为落实2019年3月18日习近平总书记在学校思想政治理论课教师座谈会上的讲话精神和中共中央办公厅、国务院办公厅《关于深化新时代学校思想政治理论课改革创新的若干意见》，汉阴县围绕教育部等五部门《关于加强新时代中小学思想政治理论课教师队伍建设的意见》精神，探索实施“党建+思政+德育”融合育新人的总体目标，以“一推动、四融合、三结合”的“143”模式推动中小学思政课建设落地生根。

一　强化行政整体推动提效能

为进一步贯彻《关于深化新时代学校思想政治理论课改革创新的若干

*　冯友松，安康市汉阴县教育体育和科技局。

意见》和《陕西学校“四好”思政课创优行动方案》精神，坚持党对思政课建设的全面领导，汉阴县迅速制定实施方案，由县教研室具体组织实施，围绕培养什么人、怎样培养人、为谁培养人这个核心问题，以机制保障、示范引领、体系构建、活动推动、队伍建设为抓手，着力构建核心价值引领人、主题教育激励人、全学科融合浸润人、校园文化熏陶人、研学旅行实践锻炼人的树人格局，通过“关注人、关注实践、关注问题、关注意义”的“四个关注”深化思政课时代内涵，推进中小学思政课建设落地生根。实施分片网格化、地毯式督查，局领导班子和县教研室教研员定期到所挂连片区学校进行督查指导，着力提升未成年人思想道德建设工作水平。

二 “培练评”融合提师资能力

落实好思政课教师是关键，汉阴县多措并举为打造一支政治强、情怀深、思维新、视野广、自律严、人格正的思政课教师队伍夯实基础。

一是分级全员培训提认识。县委党校与县教体科技局联合举办全县中小学思政课教师培训班，对全县各学校（园）党支部书记、主管教学的校长、教导主任、德育主任、少先队辅导员、思课教师以及部分党员共200余人进行一级培训，参加一级培训的人员回校对未参加全县培训的教职工进行二级培训，课程涵盖“习总书记在学校思政课教师座谈会上的重要讲话”、“不忘初心牢记使命——中国共产党人永恒的价值追求”、“中国共产党是历史和人民的选择”、“拥抱思政课教学的春天”和中小学《道德与法治》统编教材解读及自主研修“学习强国”网络平台慕课等内容，全面提升教师对新时代思政课教学的认识。

二是全员练兵提能力。实施思政课教师大练兵和考核评价，县教研室牵头通过观摩课、汇报课、送培到校等方式对思政课教师实施练内功、提素养、展能力、树形象大练兵活动。通过局长、校长、教研组长三级推门听课机制，指导各校开展“不忘初心、牢记使命”思政教学岗位大练兵和教学实践，思政课教师互相听课、跨专业听课，开展“备内容、备学生、备教法”的教学研讨、集体备课和全员展示观摩活动，开展实施学校办好、教研室管好、教师教好、学生学好的“四好”思政课创优行动。2019 年以来培养校级和省市县级思政课教师教学能手 100 余人。2019 年在陕西省 200 名中小学思政课教师“大练兵”教学展示活动中，安康市 5 名中小学教师获奖，其中汉阴实验中学教师卢约慧、汉阴实验小学教师曹倩荣获“‘大练兵’教学标兵”称号。

三　思政与党建融合促富脑

思想意识形态工作是当前极端重要一项工作，抓好学校思政课建设就是从最基础领域抓思想意识形态工作，党建与思政课建设融合是一项有力抓手，局党委坚持“围绕教育抓党建、抓好党建促发展、党建和思政融合促富脑”的原则，以“党建思政融合引领促教育、四好教书育人争先锋”为核心，推行校长和支部书记任职一肩挑。探索“党建与思政融合+X”育人模式，推行“党建与思政融合+理想信念教育+廉洁教育+师德师风+学生日常行为规范+全学科育人融合……”有机融合，让广大学生熟知党史国情，坚定理想信念，树立科学“三观”。同时结合“不忘初心、牢记使命”主题教育，由局党委书记任团长、局班子成员为副团长，从各学校遴选 11 名政治素质强、政策理论水平高的教师组建 6 个宣讲团，邀请县委组织部、县委党校专家就“如何提高教育教学质量”和“如何上好思政课”进行培训磨课和集体备课，开展交流研讨 60 余场次，深入各类学校宣讲 40 场次，使广大党员教师坚定了理想信念和文化自信。

四　思政与德育融合提育人质量

坚持守正创新，在全县中小学推广“德育作业”育人新模式，通过“三段三层三类”模式找到了学校、家庭、社会教育的交汇点。“三段”就是把中小学各年级分成三个教育段，低段侧重家庭美德教育，中段侧重个人品德养成，高段侧重社会公德培养；“三层”即把“德育作业”分家庭、学校、社会三个层面，形成“三位一体”的德育育人网络；“三类”即把“德育作业”分为知识类、作品类、实践类，通过“德育作业”和思政教育融合，让学生逐步形成积极向上的道德品质。2016年8月1日，省教育厅副厅长王海波调研汉阴教育工作时评价道：“在德育工作方面创造了很好的经验，把过去抽象的、空洞的、大水漫灌式的说教，变成了具体的、生动的、精准滴灌式的教育，特别注重与学生家长的沟通和互动，倡导育德于心，成德于行。”“德育作业”育人模式全面推广，2016年9月作为全省七个典型之一在省委宣传部、省教育厅召开的全省中小学培育和践行社会主义核心价值观推进优秀文化进校园现场会上做经验交流，同时省教育厅发文在全省中小学进行推广。《小作业大能量》德育作业育人方式于2017年被教育部评为优秀案例，2019年11月28日，教育部政策法规司深入汉阴就教育改革和推进素质教育工作情况进行了调研。

五 思政与全学科融合提育人高度

构建“大思政”育人格局，开好思政课和全科融合教学，坚持落实思政课“八个相统一”教育要求，秉承“全学科、全过程、全方位、全领域”的育人目标，以课程育人、全学科检测、素质教育综合评价三项举措，落实“五育并举”育人理念。

一是开足开齐国家课程。注重中小学音、体、美、综合实践等学科的课程开设，扩大音、体、美教师招录比例，保证了开足开齐国家课程的师资需求和全学科育人师资力量。2019年11月18日，国家教育行政学院家庭教育研究中心授予汉阴县“全国家长学校建设实验基地”，10所中小学被授牌为“全国家长学校建设实验学校”。2019年12月16日，省青少年素质教育研究会与县教体科技局签订了素质教育研究合作协议，陕西师范大学实验小学与汉阴恒大小学签订了“名校+新校”教育联盟合作项目。

二是开设特色地方课程。2016年起实施国学进课堂工程，开设国学课程，开设内容涉及《三字经》《弟子规》《论语》《中庸》《大学》《孟子》《道德经》《孝经》等。同时结合创建全国“书法之乡”，编印《沈尹默书法》和《临写字帖》（刘康奇主编）并在各校推广。2019 年 9 月全县经验做法在纪念孔子诞辰 2570 年“己亥年公祭孔子大典”暨“2019 尼山国学经典师资论坛”上交流。2019 年 11 月国学经典教育论坛在江苏举行，汉阴县作为受邀单位以“推动国学经典教育一体化工作行与思”为题做了经验交流。

三是开设校本社团课程。各学校自主创办社团、兴趣小组 800 余个，涉及乐器、手工、舞蹈、管弦乐、跆拳道、创意丙烯画、机器人、微电影、“STEAM”等领域，以及汉调二黄、皮影戏等非遗项目，通过国家、地方、校本三级课程全面开设与全学科评价检测，促进了学生思想综合素养大幅度提升。2020 年 1 月 8 日至 10 日，由三秦都市报社、三秦网、秦闻 App、陕西青少年素质教育研究会、陕西国际交流与留学服务中心共同主办的首届国际教育合作与交流论坛在西安举行，汉阴县作为特邀代表与德国、法国教育学者以及国内知名教育专家一起参加论坛，县教体科技局局长张小泉以“优化教育环境，助推均衡发展”为题介绍了该县在坚持教育优先发展战略、探索创新管理机制、深化教育综合改革、全面激发教育活力、促进全县教育均衡协调发展等方面的工作经验。论坛闭幕式在汉阴举行，德国、法国的教育学者以及国内知名教育专家走进该县三元小学、太平小学、凤台小学、草桥小学、东岳小学、汉阴中学、恒大小学实地参观考察，美丽的校园以及劳动实践基地、分层作业、双语教学、皮影社团、思政课教学等一系列特色项目引起了专家的高度赞扬和教育同仁的共鸣。

六　思政教育与日常活动相结合

探索开展“时代新人”思政课活动，发挥“时代新人”主题活动集成效应，推动学校思政课改革创新，培养担当民族复兴大任的时代新人。

一是坚持思政小课堂与室外大课堂结合，找准思政教育与活动的交会点和融合点，抓活动融合确保学生爱上思政课，抓生活指导确保学生用好思政课，为学生构筑起思想成长的“立交桥”。精心设计和策划主题班（队）会、升旗仪式、清明祭扫、入学仪式、毕业典礼、入队（团）仪式、道德讲堂、志愿服务、现场法院等育人活动，实施“好家训、好家规”和新民风“诚孝俭勤和”进校园，增强学生对优秀传统文化的认同感和自豪感。

二是紧扣“时代新人”创新思政课建设路径，开展“文明小公民、美德少年”评选表彰活动，以“时代新人榜”引领正确价值取向，以“时代新人说”丰富思政课内涵。广泛开展“道德讲堂”，通过“唱歌曲、学模范、看短片、诵经典、谈感悟、讲故事、表决心”等环节，引导广大学生树立正确的价值追求，厚植思政课改革创新的沃土。

三是强化“习惯立德”养成教育，从上课、作业、就餐、就寝等方面抓起，促使学生养成良好的学习、生活和交往习惯。抓艺术教育，常态化开展“两节一会”，建立体育课堂教学、大课间体育、课外体育等阳光体育运动，规范体育、艺术课、课外活动、社团实践活动的艺术教育，激发学生对学习生活的激情，塑造完美人格和品行，引导学生增强中国特色社会主义道路自信、理论自信、制度自信、文化自信。据统计，2019年学生参与“圣诞节”“感恩节”“万圣节”“愚人节”“复活节”等所谓“洋节”的人数大幅度降低，自觉抵御西方文化思想的意识明显提高，增强了中国文化自信。

七 思政与研学旅行实践结合

落实《中小学综合实践活动课程指导纲要》和教育部等11部门发布的《关于推进中小学生研学旅行的意见》精神，推进中小学研学旅行，由县教育部门牵头，联合发改、公安、财政、交通、文广旅游等部门制定推进中小学生研学旅行工作实施方案，打造了一批覆盖全县所有资源的研学旅行精品线路，形成校内课堂和校外实践活动共同体，将思政课教学搬到田间地头、国防教育基地，依托“三沈故里”独特的人文资源和自然资源，以“梦幻凤堰乡愁游""月河川道传统文化研学游""秦岭红色文化体验游"三大主题为轴心，践行"生活即教育"理念，开展研学旅行和综合实践体验课教学，帮助中小学生了解国情、开阔眼界，着力提高孩子们的社会责任感、创新精神和实践能力。

八　思政与校园文化建设结合

正本清源，特色思政文化教育为孩子培根铸魂，先进的校园文化是学校的灵魂，是学校的特色和品牌，对师生有着巨大的影响力。汉阴县乘创建国家义务教育发展基本均衡县和省级教育强县的强劲东风，各校大胆探索校园文化建设与思政教育有机融合，从物质文化、行为文化、精神文化和思想文化方面精心规划，使各校办学理念、校训、校园雕塑、文化墙、班级文化、师生行为文化等都带有鲜明的育人特色，时时体现在课内课外，一草一木都在育人，树立了"教师满意、学生满意、家长满意、社会满意"的办学品牌和文化育时代新人的风向标。

改革创新永远在路上，汉阴教育综合改革经验再次得到国家认可，2019年10月中央教育工作领导小组秘书组《教育工作情况简报》发布了"汉阴县全面深化改革提高义务教育质量"典型经验，文中从深化体制机制改革，注入发展动力活力；聚力改善办学条件，筑牢教育公平底线；优化队伍管理机制，均衡配备城乡教师；聚焦立德树人根本任务，深入推进素质教育创新育人方式四个方面介绍了汉阴县的典型做法。

2020 年是我国脱贫攻坚决胜之年，也是坚决打赢脱贫攻坚战的全面收官之年。北京师范大学中国教育扶贫研究中心利用“中心”智库平台和学术研究功能定位，于 2020 年 1 月 12 日在北京师范大学召开了中国教育扶贫研究中心专家委员会会议，就深度贫困地区的教育扶贫问题、更大范围的教育发展与减贫问题，以及脱贫攻坚战之后教育扶贫与减贫工作的战略规划与实施问题等，邀请全国众多教育扶贫领域的领导和专家进行深入研讨。本辑集中刊出几位与会领导致辞，以飨读者。

学习习近平总书记讲话精神，做好基础教育扶贫工作

中国教育学会秘书长　杨银付

在新年伊始，北师大中国教育扶贫研究中心召开这次会议，意义重大。我来自中国教育学会，主要研究基础教育，在这里简单汇报下自己学习习近平总书记关于教育扶贫讲话精神三个方面的体会。

一是教育扶贫的重要性。习近平总书记刚刚上任时讲了一段话，我记忆犹新，他说我们的人民热爱生活，期盼更好的教育、更稳定的工作、更满意的收入、更可靠的社会保障、更高水平的医疗卫生服务、更舒适的居住条件、更优美的生态环境，期盼孩子们成长得更好、工作得更好、生活得更好。人民对美好生活的向往就是我们的奋斗目标。十九大报告也提到我们的

主题教育是不忘初心，方得始终。我们的初心使命就是为中国人民谋幸福，为中华民族谋复兴，所以要始终把人民对美好生活的向往作为我们的奋斗目标。在十八届五中全会“十三五”规划建议里面也明确了以人民为中心的主题，这当然首先来源于我们党的宗旨就是为人民服务。在我们教育领域还有个基础概念就是教育公平，教育公平是社会公平的基础，要不断促进教育发展成果，更多更公平的教育要惠及全国人民，以教育公平来促进社会的公平正义。这方面习近平总书记的阐述非常多，提及教育扶贫的就更多了，他说治贫先治愚，要把下一代的教育工作做好，特别是要注重山区贫困地区下一代的成长，下一代要过上好生活，首先要有文化，这样他们将来的发展就会完全不同。他说教育很重要，革命老区、贫困地区抓发展，在根上还是要把教育抓好，不要让孩子输在起跑线上，到 2020 年全面建成小康社会最艰巨的任务在贫困地区，我们必须补上这个短板。习近平总书记在 2014 年教师节的时候曾经在北师大国培计划研修班上说，“授人以鱼，不如授人以渔”，扶贫必扶智，让贫困地区的孩子接受良好的教育是扶贫开发的重要任务，也是阻断贫困代际传递的重要途径。我们已经在采取一系列措施，让贫困地区的每一个孩子都能接受良好教育，让他们与其他孩子站在同一起跑线上，向着美好生活奔跑。习近平总书记的论述中包含了很多相关的词句，比如“扶贫先扶智”“治贫先治愚”“再穷不能穷教育，再苦不能苦孩子”“贫困地区要拔穷根还是要把教育办好”“扶贫要富口袋还要富脑袋”“不能让贫困传递下去”等等。

二是基础教育扶贫的成就。义务教育、基本医疗、住房安全三保障，我们看到义务教育排在第一，非常重要。总的来说，目前我们国家在义务教育方面做得不错。1985 年，中共中央颁布《关于教育体制改革的决定》，改革开放后第一次提出了九年义务教育的目标，1986 年通过了《中华人民共和国义务教育法》，1993 年出台《中国教育改革和发展纲要》，提出 20 世纪 90 年代要把基本普及义务教育、扫除青少年文盲作为我们基础教育工作的重中之重，到 2000 年我们如期实现了这两个目标。2007 年开始推进义务教育免费政策，2011 年我们实现了全面普及九年义务教育。到 2019 年末，九年义务教育巩固率达到了94.8%，小学净入学率99.94%以上，初中毛入学率102.6%。总体来说我国义务教育发展水平已经达到高收入国家的发展水平，我们的目标是在2020年达到95%的巩固率。教育部部长陈宝生在2019年教育部年度工作会议上重申了这个目标，一定要实现。应该说，义务教育发展效果很显著，一方面义务教育普及乃至免费，另一方面着力推动义务教育的基本平衡乃至优质均衡。义务教育在未普及时，普及就是我们的主要任务，当时我们采取很多的措施，从现实出发，适应中国国情来办教育，调动中央和地方的积极性来发展教育，人民教育人民办，全力扎根中国大地办教育，推动我国义务教育快速发展。不能从理想出发，现实才是我们的目标。在我们基本普及义务教育时，不平衡、发展不均衡的矛盾日益体现，2001年召开的21世纪第一次全国基础教育工作会议中指出，制定以县为主的管理体制，后来进一步发展到省级统筹，到2005年推出第一份均衡发展文件，2010年推出第二份均衡发展文件，到2012年教育规划纲要把均衡发展作为战略性任务，十八大报告进一步强调均衡发展，十九大始终抓住均衡这一条。截至2019年底，全国有23个省份通过了国家基本均衡认定。推动均衡，我们要做的是没有实现均衡的要实现均衡，已经实现基本均衡的要逐步实现优质均衡，有条件的地方要从县域均衡推进为省级均衡。这是我们义务教育发展的第二个阶段，也是我们解决人民群众追求更公平的教育的需要。提高质量已经成为义务教育发展的核心任务。2018~2019年连续发了三个文件，2018年11月发布了《中共中央　国务院关于学前教育深化改革规范发展的若干意见》，2019年发布了《中共中央　国务院关于深化教育教学改革全面提高义务教育质量的意见》《国务院办公厅关于新时代推进普通高中育人方式改革的指导意见》，完成了基础教育政策的系统设置，同时也标志着我国义务教育进入全面提高育人质量的新阶段。2019年7月24日召开了第二次全国基础教育工作会议，会议主要把中央关于基础教育的三个文件落地。前面讲了2001年国务院召开的第一次全国基础教育工作会议，解决的是以县为主的管理体制问题、改革的问题、均衡的问题，第二次全国基础教育工作会议则进一步聚焦了深化改革、育人方式的问题，这是我们义务教育的核心任务。为全面完成义务教育办学条件的提升工程，中央财政和地方财政投入5400亿元，现在看看变化是翻天覆地的。总的来说这些成绩都离不开社会的支持，这是我们的硬件。我们的软件就是教师队伍建设，乡村教师振兴计划就是为了解决老师到艰苦地区的乡村下不去、留不住、教不好的问题。

三是新阶段基础教育扶贫的机制方法。在方法和策略上，习近平总书记还谈到，要使制度创新的轮子和技术创新的轮子一起双轮驱动，利用信息化手段带动贫困地区互联网教育的发展。没有信息化就没有现代化，没有网络安全就没有国家安全，信息化带来资源形态的变迁，原来我们要面对面交流或者单机交流，现在有了互联网，优质教育资源随处可见，使得我们的教育摆脱了时空的限制，扩大教育机会，促进教育公平，提高教育质量的三重目标，让大山挡不住知识，让家门口就有好学校。互联网带来学习形态的变迁，使线上线下相融合；带来教学形态的变迁，从以教为主到以教为辅，满足更好更公平的教育需要。通过信息技术手段，能够帮助实现教育扶贫攻坚。还有一方面是学生资助，现在实行的“两免一补”、贫困地区学生营养餐计划、高中阶段普及攻坚计划、高校建立的奖学金制度，都促进了教育扶贫、教育公平，带动我们实现扶贫目标、全面小康目标。

2020年是脱贫攻坚决胜收官之年，我们相信在党的领导下，在教育界内外的协同努力下，我们的教育扶贫事业一定能如我们所愿，实现更高的目标。

加强教育扶贫理论研究
建立教育扶贫长效机制

中国教育发展战略学会执行会长　孙霄兵

我代表中国教育发展战略学会向会议的召开表示热烈祝贺！北师大中国教育扶贫研究中心召开此次会议意义非常重大，我主要谈谈学习体会。教育扶贫工作是教育领域的重要工作，教育部部长陈宝生在2020年教育部工作会议上指出，2020年教育工作重要内容是做好教育扶贫工作。我们中国教育发展战略学会也马上要成立教育扶贫的专业委员会。同时教育扶贫的研究工作也非常重要，首先要研究教育扶贫的意义，社会、媒体和家长的认识都在不断地提高。教育扶贫是隔断贫困代际传递的重要办法，这个认知提高了，但是现在的教育扶贫工作要从工作实践向理论发展，解决教育扶贫的重要基本问题。探讨教育对经济的推动作用，对家庭、对个人的重要改变作用，这个作用在教育经济学、人力资本里面讲的是对个人、家庭以至对社会溢出的作用，解决的不仅是一个知识问题，而且是一个经济问题，从而解决地位、待遇问题以至后代的问题。在这个层面上，教育是走在经济前面的，教育与经济关系的理论是有重要启发作用的。过去我们从整体上讲教育与社会的关系，教育与经济的关系在教育扶贫问题上可以把个人因素、家庭因素更好地联系起来，从个体、家庭的角度来解决社会的发展、教育的发展问题。教育部正在进一步按照陈宝生部长的要求，把教育扶贫的具体任务进行分解，同时整合。教育部有相关司局在负责教育扶贫工作，我们建议将教育扶贫工作分解到每一个司局，在整体上进行整合。每一个司局每一位同志，在教育扶贫工作中都要有目标，有战略，有规划，有年度工作要求，要检查、落实，进行评估，而且要形成反馈机制。除了工作上的实践性要求外，还要有政策性要求，就教育扶贫要形成长远性的政策。我们讲的教育扶贫不只是某个点的问题，从教育资助扶贫的制度上来说，我们已经成为全世界最为完善的国家之一。从幼儿园开始就有贫困幼儿的资助，义务教育阶段有“两免一补”的资助，减免学费和杂费，高中有家庭困难学生的资助，全部中职的困难学生实行两年免学费和生活费，大学实行绿色通道，交不起学费可以先来上大学，然后通过奖学金、助学金、助学贷款这些方式来解决贫困生学费问题。我们已经形成了从学前教育到高等教育的完善的教育资助政策体系。

这样的政策，我们认为要上升到一个综合性的层面上，建议开展教育反贫困立法或者教育资助立法，代表国家的意志，而不是停留在短期做法上。我们觉得今后要研究的问题、教育扶贫的工作，在政策、法律工作上要有一个支撑点，也希望中国教育扶贫研究中心带领大家认真研究这个问题。再次表示感谢，请大家批评指正。

发展职业教育　助力脱贫攻坚

中国职业技术教育学会常务副会长兼秘书长　李曜升

我代表中国职业技术教育学会向本次会议的召开表示由衷的祝贺。职业教育作为一种特殊的教育类型，在经济社会发展和教育改革发展中处于突出位置，与经济社会的关系最为密切，是跳出“金字塔”的教育，是“五位一体”的教育，因此职业教育在教育扶贫中承担着重要的使命。近年来，职业教育在产业扶贫、就业扶贫、东西部协作扶贫等方面发挥了巨大作用。2019 年 11 月 5 日教育部部长陈宝生在河北威县专门主持召开了职业教育助力脱贫攻坚主题座谈会，强调要充分发挥职业教育的作用，助力打赢脱贫攻坚战。

中国教育扶贫研究中心把打造高端智库放在重要的议事日程上，已经推出蓝皮书等一系列成果，这与中国职业技术教育学会的智库定位殊途同归。我们认为，作为智库，机制要活，平台要高，队伍要共享，今后我们要加强与中国教育扶贫研究中心的深度合作。中国职业技术教育学会 2020 年到了而立之年，我们在 2019 年底换届之后有三个重要的举措，一是积极联系院士、科研机构、高校、企业，团结更多力量支持职业教育发展；二是参与、组织新时代卓越匠心文化枣庄论坛、上海进博会现代职业教育使命论坛等一系列活动，对接科技发展趋势和市场发展需求，用人工智能赋能技术技能，用数字经济改造我们的传统；三是提出了“政治强会、服务新会、学术立会、依法治会”十六字工作方针。政治强会是基本线，没有脱离政治的业务，也没有脱离业务的政治；服务新会是宣传线，没有服务我们就没有权利去改变；学术立会是水平线，没有学术水平就支撑不了我们自身的发展；依法治会是保障线，没有规矩不成方圆。我们按照十六字工作方针开展工作，特别是发展这个智库，智库是圆心，所有工作都围绕智库展开。2020年是全面打赢脱贫攻坚战、全面建成小康社会的决胜之年，时间紧、任务重，希望我们大家携起手来，密切合作交流，加强教育扶贫重大问题攻关，为打赢脱贫攻坚战贡献我们的力量！

图书在版编目(CIP)数据

中国教育发展与减贫研究. 2020年. 第1辑 : 总第5辑 / 李兴洲, 白晓, 张琦主编. -- 北京 : 社会科学文献出版社, 2020.8

ISBN 978-7-5201-7192-2

Ⅰ.①中… Ⅱ.①李… ②白… ③张… Ⅲ.①教育事业-关系-扶贫-研究-中国 Ⅳ.①G52②F126

中国版本图书馆CIP数据核字(2020)第164128号

中国教育发展与减贫研究　2020年第1辑（总第5辑）

主　　编 / 李兴洲　白　晓　张　琦

出 版 人 / 谢寿光
组稿编辑 / 任文武
责任编辑 / 张丽丽
文稿编辑 / 李　淼

出　　版 / 社会科学文献出版社 · 城市和绿色发展分社（010）59367143
地址：北京市北三环中路甲29号院华龙大厦　邮编：100029
网址：www.ssap.com.cn
发　　行 / 市场营销中心（010）59367081　59367083
印　　装 / 三河市龙林印务有限公司

规　　格 / 开　本：787mm × 1092mm　1/16
印　张：13.75　字　数：211千字
版　　次 / 2020年8月第1版　2020年8月第1次印刷
书　　号 / ISBN 978-7-5201-7192-2
定　　价 / 88.00元

本书如有印装质量问题，请与读者服务中心（010-59367028）联系